土地利用与空间规划研究

康永泰　徐　燕　陈丽丽 ◎ 著

中国出版集团　现代出版社

图书在版编目（CIP）数据

土地利用与空间规划研究 / 康永泰，徐燕，陈丽丽
著． -- 北京 ：现代出版社，2023.7
ISBN 978-7-5231-0403-3

Ⅰ．①土⋯ Ⅱ．①康⋯ ②徐⋯ ③陈⋯ Ⅲ．①土地利
用－空间规划－研究 Ⅳ．①F301.24②TU984.11

中国国家版本馆CIP数据核字(2023)第119589号

土地利用与空间规划研究

作　　者	康永泰　徐　燕　陈丽丽	
责任编辑	张红红	
出版发行	现代出版社	
地　　址	北京市朝阳区安外安华里504号	
邮　　编	100011	
电　　话	010-64267325　64245264(传真)	
网　　址	www.1980xd.com	
电子邮箱	xiandai@cnpitc.com.cn	
印　　刷	北京四海锦诚印刷技术有限公司	
版　　次	2023年7月第1版　2023年7月第1次印刷	
开　　本	185 mm×260 mm　1/16	
印　　张	9.5	
字　　数	225千字	
书　　号	ISBN 978-7-5231-0403-3	
定　　价	58.00元	

前　言

　　土地利用规划是指导土地资源合理使用的重要手段，对于提升土地的利用价值、提高土地的综合效益具有十分重要的意义。当前，国土空间规划是我国新时期空间发展的指南，是各类建设规划活动的重要依据，空间规划对乡村地区土地利用规划也提出了新的要求，在此背景下乡村土地利用规划的研究，对完善国土空间规划体系有重要意义，对于指导村庄科学利用土地、改善农村环境、提升乡村价值具有积极作用。

　　基于此，本书以"土地利用与空间规划研究"为题，全书共设置七章：第一章阐述土地与土地利用、土地利用规划及其研究；第二章从景观指数粒度特征、土地利用分形特征与粒度转换、土地利用跨粒度转换与粒度效应论述土地利用的空间粒度特征；第三章论述可持续土地利用与规划的体现、土地利用规划的工作重点——生态管护、建设用地节约集约利用与可持续发展；第四章探讨土地利用总体规划及其编制、土地的供需预测及平衡、土地利用结构与布局；第五章分析城市生态规划设计与实施、城市空间发展的生态化转型策略、生态城市的整体空间规划设计；第六章探究土地利用规划的实施保障、土地用途管制与动态监测、土地利用计划管理及环境影响评价；第七章分析"两规"的可协调性、"多规融合"思路下的城乡空间规划协调发展。

　　本书逻辑清晰，内容全面，从土地利用规划的基础概念出发，由浅入深、层层递进，对土地利用的空间规划与可持续发展进行解读，分析了土地利用的总体规划与空间规划，为土地利用与空间规划的发展提供了一定的参考。

　　在撰写本书过程中，得到了许多专家学者的帮助和指导，参考了大量的相关学术文献，在此表示真诚的感谢。本书内容系统全面，论述条理清晰、深入浅出，力求论述翔实，但是由于作者水平有限，书中难免会有疏漏之处，希望同行学者和广大读者予以批评指正。

目　录

第一章　土地利用规划概述

第一节　土地与土地利用

一、土地

（一）土地的内涵

关于土地，不同学科有不同的定义。土地既是自然科学研究的内容，又是社会科学研究的内容，它的内涵与外延比较丰富，从事不同工作的学者，从不同的角度对它的理解有所不同。

土地中的"地"是指地球的地，土地不能离开地球。土地养育了地球上的人类，是人类生存和发展的重要资源和物质载体。土地资源是人类赖以生存和繁衍的基石，是首要资源。人们最初仅把地球表面的陆地部分，由泥土与砂石堆成的固体场所称为土地。至于海洋、江河、湖泊、池塘等均不列入土地范畴之内，但是水流作为土地的附属物，从土地经济学角度来讲，水面也是土地的一部分。

土地不仅包括陆地，还延伸至广阔的海洋。海洋又称为"蓝色国土"，其蕴藏着丰富的生物资源、矿产资源和油气资源。中国是海洋大国，海洋生物资源是我国海洋经济发展的基础。

从法律的角度来理解土地，土地不是传统地理学上所指的整个陆地表面，而是人们能够利用和控制的土地。人类现有技术水平难以达到和利用的陆地，不能称为法律意义上的土地。国土是指一个国家主权所管辖的地域空间，是某个国家的人民赖以生存的场所，是一个主权国家所管辖的地域范围内的全部国土资源。国土资源一般包含人口和劳动力资源、土地资源、水资源、矿产资源、森林资源、海洋资源、气候资源、山区资源、自然保护区等自然资源和社会资源。依照《国际法》的观点，国家领土是指在国家主权管辖下的地球表面的特定部分，包括领陆、领水、领陆和领水的底层土，以及领陆和领水上面的空气空间。

综上所述，土地是地球表层的特定地域，是由气候、水文、地质地貌、土壤、岩石、生物和人类劳动的结果共同构成的土地生态系统，是一个自然地理综合体。其水平范围包括陆地、海洋、内陆水域和滩涂；其垂直范围由大气层、地表层和地下层组成。

因此，认识土地的概念需把握的要点包括：①土地概念是一个动态概念，其内涵和外延随人们的认识的深入而变化；②土地有广义和狭义之分；③土地是重要的资源，是自然资源，同时又是资源性资产；④土地与土壤、国土、环境等既有区别又有联系。

（二）土地的功能

"对于人类社会而言，土地是一种既稀缺、又不可缺少的自然资源，它的归属、分配和利用一直是影响人类社会发展的主要因素之一。"[1] 土地本身是自然的产物，不是劳动产品，但当土地被施加人类劳动之后，投入人类社会生产活动中，土地就成为社会物质生产部门所必需的物质条件，农业需要在土地上劳作，工业生产需要土地提供场所和原材料等。土地具有以下几个功能。

1. 养育功能

万物土中生，土地具有肥力，能够满足生长于其中的农作物对水分、养分、空气和热量的需要，是人类赖以生存和农作物吸取营养的主要源泉。土地是劳动对象，土地自身在农业生产中是被当作生产工具来发挥作用的，直接参与农产品形成。植物生长依赖于土地，动物生存也要依赖于土地上的初级生产者提供营养，土地在农业生产中是重要的不可代替的生产资料，为人类的生存提供必需的生活资料。

2. 承载功能

土地是生物生存的场所基地，是人类修建的一切建筑物和构筑物的载体，如建筑业、交通运输业、工业等作为地基、场地和操作基础发生作用，为人类提供居住、休息、娱乐和进行工业生产的场所。城市、道路、乡村和水利设施等是土地承载功能的具体表现形式。

3. 仓储功能

人类进行物质生产必需的生产资料，都直接或间接来自土地，如工业生产需要的原料、粮食和棉花等，来源于在土地上进行农业生产的生产产品，工业生产需要的自然资源，也都来自土地，如矿业资源，动力资源等。土地不仅是这些自然资源的仓储地，而且为这些资源的开采、利用、运输提供了特殊的土地利用方式。

---

①付颖哲．论土地所有权的社会功能［J］．西部法学评论，2016（2）：64.

4. 景观功能

在景观生态学中，土地等同于景观，是一种环境资源，土地在一定区域呈现的景象，即视觉效果，其不同组合反映了土地及土地上的空间和物质所构成的综合体，表现出秀、奇、险、美和文化等美学特征，形成人文景点和自然景点即风景旅游地，为人们提供进行旅游、观光、休闲的场所。

5. 资产功能

由于土地具有面积有限、位置固定以及永续利用等特点，使人们想利用土地进行生产，必须花费大量货币才能获得使用权，这也是土地巨大资产功能的表现。

（三）土地的特性

1. 土地的自然特性

土地不是人类的劳动成果，而是自然产物，人类历史仅有300万年，而地球已有46亿年的历史，所以说在人类社会出现之前，土地已经客观存在。即使人类出现之后，人类也不可能创造土地。土地的产生和存在是不以人的意志为转移的，人类只能通过技术的改进来提高土地的利用率和生产率，人类劳动可以影响土地利用，但人类绝对不能创造出新的土地。在国外海洋被称作水地，海洋是被海水所覆盖的陆地。从这个角度讲，围垦海涂也不能称为创造土地。古今中外，沧海桑田，水陆变迁，仅是土地形态和利用方式的改变，并非新土地的创造。

2. 土地面积的有限性

土地总面积由地球大小决定。地球表面的总面积为5.1亿 km^2，其中海洋的面积为3.61亿 km^2，占地球总面积的70.8%，陆地的面积为1.49亿 km^2，占地球总面积的29.2%。土地数量是一个恒定常数，既不会增加，也不会减少，人们只能提高土地利用效率。但随着地球人口的增加，人均土地越来越少，土地资源变得越来越宝贵，所以必须切实珍惜和合理利用每一寸土地，充分和高效利用每一寸土地，在有限土地上生产出更多的物质，满足人们物质和文化的需求。

3. 土地利用的永续性

土地是一种非消耗性资源，它不会随着人们的使用而消失，相对于消耗性资源而言，土地资源在利用上具有永续性。土地利用的永续性具有两层含义：①作为自然的产物，它与地球共存亡，具有永不消失性；②作为人类的活动场所和生产资料，可以永续利用。其他的生产资料或物品，在产生过程或使用过程中，会转变成另一种资料、物品，或逐渐陈旧、磨损，失去使用价值而报废。土地则不然，只要人们在使用或利用过程中注意保护它，是可以年复一年地永远使用下去的，但是，土地的这种永续利用性是相对的。只有在利用过程中维持了土地的功能，才能实现永续利用。

4. 土地空间位置的固定性

一块土地是地球表面某个特定区域，它有一定的形状和大小，但不能移动。这块土地有其特定的经济、交通和地理区位，周围的地理环境条件决定了这块固定土地的利用方式及其经济价值。正是由于土地属于不动产，位置不能移动，致使土地的肥沃程度和地理位置、土地等级和土地级差收入存在很大的空间差异，导致各地区之间土地价值大小的差异性。土地位置直接影响交通运输费用，位置有利的土地可以提供与它所节省的交通运输费用相等的超额利润，即级差地租。

5. 土地质量的差异性

不同地域，由于地理位置及社会经济条件的差异，不仅土地构成的诸要素，如土壤、气候、水文、地貌、植被、岩石的自然性状不同，而且人类活动的影响也不同，从而使土地的结构和功能各异，最终表现在土地质量的差异上。土地质量是土地的综合属性，具体表现为对某种用途的适宜与否及适宜程度。土地质量及其利用方式取决于土地的构成因素的综合影响，在一定的时间和一定的技术条件下，不同质量的土地使投入资本的生产率产生差别，是形成土地级差地租的重要条件。

6. 土地属性的两重性

（1）土地是自然资源，是由地貌、土壤、水文、植被、岩石等自然要素组成的自然综合体。

（2）经过利用的土地又凝结着人类劳动结果，是一种资产，是重要的生产资料，同时又是生产关系的客体，对土地的所有、占有、使用、收益是一切财富的源泉。所以，土地既是土地物质，又是土地资本。任何一种土地利用方式都具有一定的社会形式，土地利用反映着一定的土地关系。

二、土地利用

（一）土地利用的界定

土地利用是人们依据土地资源的特殊功能和一定的经济目的，对土地的开发、利用、保护和治理。人们利用土地的目的，就是利用土地的功能，满足自身生存对物质资料的需要。土地利用主要表现在两方面：①人与地的关系，人类以土地为劳动对象，从土地上取得生产资料、生活资料及场所；②人与人的关系，由于土地是社会经济部门进行生产的基本生产资料，涉及土地在各部门的分配，涉及地权关系，继而影响到人与人的关系。所以，要使土地利用得好，不仅要从自然条件认识土地，还要处理好人的因素，如人的积极性等。

学术界不同学者对土地利用的界定有所不同，具有代表性的观点主要如下：

第一，土地利用是人们根据土地资源的特性、功能和一定的经济目的，对土地的使用、保护和改造。

第二，土地利用是人类通过与土地结合获得物质产品和服务的经济活动过程，这一过程是人类与土地进行的物质、能量和价值、信息的交流、转换的过程。

第三，土地利用是指人类对特定土地投入劳动力资本，以期从土地得到某种欲望的满足。

综上所述，土地利用是指人类通过一定的行动，以土地为劳动对象或手段，利用土地的特性来满足自身需要的过程。在土地利用过程中，人们一般把土地利用分为两种形式，即生产性利用和非生产性利用。生产性利用，把土地作为生产资料和劳动对象，主要用来生产生物产品和矿物产品，如农作物与工矿企业生产；非生产性利用，主要利用土地承载功能，进行非生产性活动，如公路和桥梁、住宅、旅游用地及其服务设施等。

（二）土地的合理利用

土地是生活之源，民生之本。在经济飞速发展过程中，土地是不可或缺的重要生产因素。因此，如何有效和合理利用有限的土地，已经成为亟待解决的重要问题之一。土地资源是非可再生资源，所以要杜绝土地资源的浪费，提高其有效利用率。

土地是民生之本，发展之基，土地问题始终是我国现代化进程中具有全局性、战略性和根本性的问题。我国城镇化、工业化、农业现代化和生态文明建设的快速推进，对土地资源的需求压力越来越大。一方面，农业、建设和生态的用地与土地资源总量有限之间的矛盾不可避免；另一方面，土地资源不合理利用和环境污染造成的土地污染、损毁、废弃和退化问题日益突出。

实现经济社会可持续发展，就必须不断推进土地资源的合理利用。土地是地表某一地段包括地质、地貌、气候、水文、土壤、植被等多种要素在内的自然综合体，具有生产、生活、生态和文化功能。农用地、建设用地和生态用地等不同土地利用功能各有分布，如何有效协调和整体持续发挥土地的基础功能和经济社会功能，核心在于构建合理的土地利用格局。

第二节　土地利用规划及其研究

一、土地利用规划及其体系

（一）规划与土地利用规划

1. 规划

规划是一种科学的预测，在人类社会发展中起着重要的作用，规划不仅能解决目前问题，而且也是解决战略发展的有力工具；规划不仅是解决部门问题，而且是处理全局问题和整个区域发展的重要手段。规划是指对客观事物和现象未来的发展进行超前性的调配和安排。

理解规划的概念应该把握以下几个要点。

（1）规划属于未来学研究的范畴。科学的预测方法的不断创立和完善，使未来研究和规划研究进入科学阶段。预测功能与规划功能紧密结合，预测和未来研究始终贯穿在整个规划过程中。

（2）规划是对未来的控制。规划不只停留在选择实现目标的途径上，它本身也是实现目标的一种控制方式，在参与政策实施过程中，规划体现了存在价值。

（3）规划是对系统结构的优化。规划是发现事物各种联系的最优手段，是生产力布局的最优方法，是提高大系统负熵的理想工具。

（4）规划是提高决策的整体性和科学性的一种手段。规划能提高政策的连续性和连贯性，规划能减少全局中局部决策的个体局限性。

（5）规划不是时点行为，而是时间过程。规划应理解为给出行动的过程，向人们指出为实现未来的目标所要采取的行动过程与途径。

2. 土地利用规划

"科学合理的土地利用规划在城市土地资源配置和布局优化方面起到良好的促进作用，可以为城市规划建设的可持续发展奠定良好的基础。"[①] 对于土地规划的概念，归纳起来有以下不同观点：

（1）土地规划应当解决土地利用和与土地利用有关的全部问题，其依据是土地利用，是整个生产组织的重要组成部分，它与其生产资料和劳动力的利用密不可分，在进行土地

---

① 许建忠，张伟中，刘小飞. 城市土地资源管理中土地利用规划的作用及对策探讨 [J]. 科技资讯，2022，20（22）：108.

规划的同时必须制定与土地利用相关的其他生产资料和劳动力利用的规划。土地规划实质上是一个地区或一个农业企业的全面经济规划。

（2）土地规划应当解决有关土地利用的全部规划问题，土地规划既应解决土地利用在空间上的组织，也应制定集约经营土地和提高土地生产率的规划。

（3）土地规划主要是解决在空间上合理组织土地利用，仅与解决土地利用问题的其他措施和整个生产组织措施有着密切联系，但不可相互替代。土地规划是空间上合理组织土地利用的综合措施。

（二）土地利用规划的任务和内容

1. 土地利用规划的任务

土地利用规划主要是通过合理调整土地利用结构和布局，最终解决土地利用中存在的问题，协调人地关系矛盾。所以，土地利用规划的主要任务是根据社会经济发展计划、国土规划和区域规划的要求，结合区域内的自然生态和社会经济具体条件，寻求符合区域特点的和土地资源利用效益最大化要求的土地利用优化体系。不同国家的土地利用规划肩负着不同的任务，对于我国土地公有制来说，土地规划的主要任务如下：

（1）土地供需综合平衡。协调土地的供需矛盾，是首要任务。人口的不断增长和社会经济发展对土地的需求呈逐步扩大的趋势，而土地供给是有限的，因此，土地的供给与需求之间常常产生矛盾。土地供需不协调往往会导致国民经济结构失衡，也会导致土地资源的破坏和浪费。因此，协调土地的供需矛盾是土地利用规划的首要任务。在协调土地的供给与需求使之达到综合平衡时，必须遵从经济规律、自然规律和社会发展规律，使土地利用达到经济、生态、社会效益的总体最优，使土地资源分配符合国家产业政策的具体要求。

（2）土地利用结构优化。土地利用规划的核心内容是资源约束条件下寻求最优的土地利用结构。系统结构决定系统功能，所以，土地利用结构优化和调整是土地利用的核心内容。土地利用结构调整应根据国民经济发展的需要和区域社会、经济与生态条件，在区域发展战略指导下，因地制宜地加以合理组织并作为土地利用空间布局的基础和依据。土地利用结构的实质是国民经济各部门用地面积的数量比例关系，土地利用结构调整和优化是在不增加土地投入的条件下，实现土地产出增长以获得结构效应的有效途径，从而使土地资源成为国民经济的重要调控手段。

（3）土地利用宏观布局。土地位置的固定性决定了土地利用存在于不同的空间。土地利用规划的重要内容就是确定在何时、何地和何种部门使用土地的数量及其分布状态，并结合土地质量和环境条件加以区位选择，最终将各产业用地落实在土地之上。

（4）土地利用微观设计。各类用地和各部门用地的数量和位置确定之后，需要对各类土地利用进行微观设计。宏观布局主要解决用地的数量和位置的问题，而土地利用的微观设计就是在宏观布局的基础上，合理组织利用土地，以最大限度地提高其产出率和利用率，降低其占有率。土地利用的微观设计是从内涵和外延上扩大土地利用以及改善生态环境的重要途径和有效措施，并使其成为国民经济与社会持续发展的重要载体。土地利用的微观设计主要表现为土地利用专项规划及土地详细规划。

2. 土地利用规划的内容

土地利用规划内容取决于土地利用规划的任务。土地规划的对象、范围和任务不同，决定了土地规划的内容有所差异。不同类型、不同层次的土地利用规划的范围、任务不同，其规划内容也不尽相同，但一般应包括以下几个基本内容。

（1）土地利用规划区域概述。

（2）土地利用总体规划专题研究。主要包括：①土地利用现状分析与评价；②土地质量评价；③土地利用潜力分析；④土地供给与需求预测；⑤土地供需平衡和土地利用结构优化；⑥土地利用规划效益预测；⑦土地利用分区和用途管制；⑧重点用地项目布局。

（3）土地利用发展战略研究。

（4）土地利用专项规划，包括土地开发、复垦、整理、基本农田保护区规划等。

（5）土地利用详细规划，包括居民点用地规划、交通运输用地规划、水利工程用地规划、农业用地规划、水域规划、旅游风景用地规划、自然保护区规划、生态环境用地规划等。

（6）土地利用规划实施和规划管理。

（三）土地利用规划的体系

土地利用规划体系是指由不同类型、不同级别和不同时序的规划所组成的一个相互联系的规划系统。

1. 我国现行土地利用规划体系

我国土地利用规划体系是在 20 世纪 50 年代提出来的，当时是以农村土地利用规划为主，分为企业间土地规划和企业内土地规划，后来，又把企业间土地规划延伸为区域性土地规划，即以不同类型的经济区、自然区或流域为范围进行土地规划。随着农村经济体制改革的进行和不断深入，以农业企业为范围进行的土地规划已不适应农村经济发展的客观要求。为此，农村土地规划逐步转为按行政管理体制进行土地利用总体规划。

20 世纪七八十年代，我国的土地利用总体规划同国土规划、农业区划和城镇体系规划、城市规划等相关规划紧密联系和衔接，并已初步形成当时我国土地利用规划的体系。

2.土地利用规划体系的分类

（1）土地利用总体规划、专项规划和详细规划。

第一，土地利用总体规划，是指在一定的规划区域内，根据国民经济和社会发展规划、土地供给能力及各项建设对土地的需要，确定和调整土地利用结构和用地布局的长期的、战略性的总体部署和统筹安排。土地利用总体规划由各级人民政府编制，对一定行政区域的土地利用起总体控制作用，是进行土地利用管理的重要手段，是对土地利用进行宏观控制的战略安排，其核心是确定和调整土地利用结构和用地布局。它具有全局性、长期性、战略性、权威性、动态性等性质。土地利用总体规划具有以下特点：

土地利用总体规划是按国家行政管理体系编制，分全国、省、市、县和乡（镇）五级。上一级规划是下一级规划的控制和依据，下一级规划是上一级规划的具体实现，从而形成全国范围的严密而协调的土地利用宏观控制网络。土地利用总体规划以规划地区国民经济发展战略为依据，是国家对农业用地及非农业建设用地实行的宏观控制、协调、组织和监督。各级土地利用总体规划必须以行政区划为单位编制，覆盖区域内全部土地。这是区别于其他类型土地利用规划的重要特征。土地利用总体规划经上级主管部门审核批准将具有一定的法律效应，代表国家利益控制国民经济各部门的土地利用。从这个意义上讲，其他部门或专业的规划、跨地区的总体规划，都受土地利用总体规划的约束。

第二，土地利用专项规划，是在土地利用总体规划的框架控制之下，为解决土地开发、利用、整治、保护的某一专门问题或某一产业部门的土地利用问题而编制的土地规划。土地利用专项规划除具有土地利用总体规划的基本性质外，还具有针对性、选择性等特点。土地利用专项规划的任务是保护和改善土地生态系统，一般可分为土地开发规划、土地整理规划、土地复垦规划、基本农田保护规划等。土地利用专项规划以土地资源的开发、利用、整治、保护为主要内容，是土地利用总体规划的深化、继续和补充。

第三，土地利用详细规划，也称土地利用规划设计，是在总体规划和专项规划的控制和指导下，详细规定各类用地的各项控制指标和规划管理要求，或直接对某一地段、某一土地使用单位的土地利用及其配套设施做具体的安排和规划设计。详细规划属于微观土地规划，是土地利用总体规划和专项规划的继续和深入，是对各项用地的具体安排，是规划实施的最终依据。土地利用详细规划可分为农用地详细规划和建设用地详细规划。农用地详细规划包括耕地规划、林地规划、园地规划、牧草地规划等；建设用地详细规划包括城镇用地规划、村庄用地规划、工业用地规划、交通用地规划、水利用地规划等。通过它完成土地利用规划的任务，达到土地利用规划的目的。

（2）微观规划和宏观规划。

微观的土地利用规划是由单位和个人做的土地利用规划，在微观经济范围内进行，主要内容是选择最佳的土地用途、空间布局和利用措施，获得最佳经济效果，这种规划往往具有一定的局限性。

宏观的土地利用规划是由部门（如城镇规划、乡村规划）或通过人民政府土地管理部门，对全部土地做的土地利用规划，任务是控制、协调各类用地的矛盾，合理分配土地，以满足人类对土地的各种需求，又能充分合理地发挥土地的性能，以获得最佳的宏观经济效果，具有综合性。

（3）长期规划、中期规划和短期规划。

红框内容改为长期规划是指时间一般在 10 年或以上的土地利用总体规划，现行的土地利用总体规划期限均为 15 年；短期规划，即土地利用年度计划，是保证规划实施的具体年际用地指标；中期规划属于过渡性规划，是长期规划的深化和补充，是由宏观向微观过渡的规划。

土地利用年度计划，是根据国民经济和社会发展计划、国家产业政策、土地利用总体规划以及建设用地和土地利用的实际状况编制的。它以一年为期，属于中期土地利用计划的具体化。

（4）全国、省、地、县和乡五级规划。以土地利用总体规划为例，我国目前的土地利用总体规划按行政区域划分为全国、省、地、县和乡五个层次。

第一，全国土地利用总体规划。全国土地利用总体规划属于战略性、政策性规划，为国家的宏观经济调控提供依据。其基本内容是从促成全国的人口合理分布、资源优化配置、生产力科学布局与经济均衡发展的要求出发，制定全国土地利用的战略目标，确定土地开发、利用、整治和保护的重点项目和重点地区，协调全局性的重大基础设施建设的用地关系，提出不同类型地区土地利用方向、目标、重点和土地利用政策。按这一规划内容要求，全国规划一般以文本为主，规划成果主要体现为制定一系列政策，同时确定一些土地利用的战略性目标，如全国的耕地保有量指标、林地指标、城乡建设用地总规模指标、土地整治指标等，指标应突出重点，不需要面面俱到。

第二，省级土地利用总体规划。我国的省级行政区范围较大，经济结构、产业结构、土地利用结构都比较完整。省级土地利用总体规划仍然属于政策性规划的范畴，它的规划内容与全国土地利用总体规划相近，但它更强调区域内土地供需总量的平衡，土地开发、利用、整治和保护的重点地区和项目更加明确，土地利用政策的区域差异性更加明确具体。

省级规划应协调好各地市间的用地关系，根据各地市的经济发展状况与土地资源状况，提出各地市的耕地总量动态平衡目标和城市用地规模控制目标。省级规划要协调好跨区域的骨干工程建设用地的关系，为下一级规划提供依据。省级规划可以对全省进行地域分区，但应淡化这种地域分区的土地利用布局控制功能。省级规划以文本为主，反映主要用地的控制指标，辅之以反映土地开发、利用、整治与保护的重点地区和项目的示意图。

第三，地级土地利用总体规划。地级土地利用总体规划就其深度属于政策性规划范畴，它是由省级土地利用总体规划向县级土地利用总体规划的过渡层次，其基本内容是在上级规划的控制下，结合区域规划的要求，在分析本市的人口、土地与经济发展的基础上，进一步分析土地的供需情况，提出土地供应的总量控制指标和确定本市区域土地开发、利用、整治和保护的重点地区和范围。在分析土地的供需关系时，需重点从本地区的工农业发展、城市化水平与进程、区域城市体系和各城市的中心职能与分工等方面研究，合理确定各中心城市的人口规模、用地规模以及区域性骨干基础设施的用地关系。

第四，县级土地利用总体规划。县级土地利用总体规划属于管理型规划，重在定性、定量、定位地落实，强调规划的可操作性。县级土地利用总体规划作为总量控制的最基本层次，其规划内容重点是总量控制指标应落实到位，尤其对于城镇用地，不仅要有全县的城镇用地总规模控制，而且要有每一个城镇的控制指标。在土地的开发、整治、保护层面上，县级土地利用总体规划要具体确定重点项目的类型、时序、规模和范围；在控制指标上，重点突出耕地保有量指标、建设用地总量控制指标、各城镇建设用地控制指标、土地整理复垦开发指标和生态性、公益性的用地指标；在土地用途的控制上，以土地利用大类的用途区域范围控制为主。

第五，乡级土地利用总体规划。乡级土地利用总体规划属于规划的最低层次，属于实施型规划，规划成果以规划图为主，为用地管理提供直接依据。乡级土地利用总体规划内容的重点是在县级土地利用总体规划总量控制与用地分区控制的基础上编制详细的土地用途，即把各类用地定量、定位落实到具体地段，并确定每类用途土地的具体要求和限制条件，为土地的用途管制提供直接依据。乡（镇）级土地利用总体规划还应提出需要进行土地整理的具体区段、方式和范围以及实施的时间。

二、土地利用规划学

（一）土地利用规划学的研究对象

土地资源是人类赖以生存和发展的且无法替代的自然环境资源，它既是环境的重要组成部分，又是其他自然环境资源和社会经济资源的载体。土地面积的有限性和对土地需求的增长性之间的矛盾需要借助于合理地组织土地利用来解决。人类在利用土地资源时，必须有整体观念、全局观念和系统观念，考虑土地利用系统的内部和外部的各种相互关系，不能只考虑单纯对土地的利用，以期获得眼前的最大利用效益，而忽视土地的开发以及整治和利用对土地本身及其周围生态环境所带来的不利影响。

任何一项土地利用技术措施和工程措施，既会带来措施的正效益，同时也伴随着措施实施带来的负效益，如开垦荒地能扩大种植面积，增加农产品产量，同时不合理的垦荒也会造成水土流失、气候变化，导致土地盐碱化的发生等。土地利用实践提出合理地组织土地利用的客观要求，制定科学合理的土地利用方案，使其实施以后获得最大的综合效益的同时，重视其对未来土地本身和周围生态环境可能带来的不利影响的预测研究，以使人们在规划实施过程中采取相应措施以减轻或避免不利影响。

综上所述，土地分配和合理组织土地利用的客观必要性是产生土地利用规划学的坚实基础。土地利用不单是一个自然范畴，同时也是一个经济范畴，是自然科学和社会科学以及近年来产生的边缘学科共同研究的对象。在土地利用研究领域内，土地利用规划学不单研究制约土地利用的生产力因素，也不单研究制约土地利用的生产关系因素，更不是研究土地利用的全部内容，而是着重研究土地资源部门间分配和时空组织土地利用这一特殊矛盾。因此，这就构成了土地利用规划学的研究对象。土地利用规划学是土地利用研究领域中的横断学科，集土地科学各分支学科之大成。

对于某一现象的领域所特有的某一种矛盾的研究，就构成某一门科学的对象。土地利用规划所要解决的矛盾是土地利用需求与供给之间的矛盾，即协调平衡社会经济发展对土地利用组织的要求与限制土地利用组织的经济因素之间的矛盾。实质是人类对未来土地利用及其发展趋势所做的预先估算过程，目的在于维持人类生存、优化组织土地利用，保护整个人类利益。职责是土地供需预测，协调供需矛盾，追求满意效益，引导持续利用。

（二）土地利用规划学的研究任务

根据我国当前存在的主要土地利用问题，在一定时期内，我国土地利用规划的主要任务如下：

1. 控制土地利用

从数量上控制各类用地规模，如城乡建设总规模、独立工矿用地、水利工程建设等占用农业用地数量，特别是耕地数量，保护耕地资源；从质量上控制土地退化，防止水土流失、土地沙漠化、土壤污染等，提高土地生产力。

2. 协调土地利用

土地资源的短缺造成各部门、各用地单位之间的争地现象，所以土地利用规划可以根据国民经济发展战略，从总体上宏观协调各部门土地利用需求的矛盾，杜绝土地利用存在的不合理和浪费现象，提高土地利用率；微观上可以进行各用地单位间的用地调整，消除飞地、插花、用地界线不清等土地利用上的缺点。

3. 组织土地利用

（1）土地利用宏观组织。国家通过土地利用规划从宏观上为国民经济各部门和农业各业分配土地资源，选择用地位置，即确立各类用地的结构和布局，包括农业用地、牧业用地、水产用地、城镇建设用地、工矿用地、交通用地、水利工程用地等其他非农建设用地和自然保护区、风景旅游区等专项用地的规划与布局。同时，土地利用宏观组织要为土地资源的合理开发、利用、整治和保护制定相应的战略措施和政策，以提高土地资源的利用率和产出率。

（2）土地利用微观组织。国家通过各种形式的土地利用专项规划和土地利用详细规划，为土地资源的开发、利用、保护、整治制定具体措施和进行用地规划设计。如基本农田保护区规划、低产田改造规划、土地复垦规划、后备资源开发规划、农村道路建设规划、渠系建设规划、农村居民点规划、耕地规划、林地规划、牧草地规划、建设项目用地选择、田间地块调整等。

4. 监督土地利用

根据《土地管理法》，国家对违反土地管理法规的行为进行监督。土地利用监督是通过对土地利用单位进行定期、定点的检查，及时掌握土地类型的数量、质量的动态变化趋势和规律，使土地资源得到保护，一旦土地使用违反规定，就要及时制止甚至惩罚。由于通过土地利用规划，可以清查土地资源利用状况，指导未来土地利用结构、布局和方向，所以土地利用规划可以为土地利用监督提供科学依据，对各部门的土地利用状况进行监督和检查，使之能够合理、充分地利用土地。

（三）土地利用规划学的发展趋势

土地利用规划学的产生应运于社会经济发展的需求，从发展过程来看，它的生命力在于规划成果的应用。因此，增强土地利用规划的权威性、科学性和可操作性，充分发挥规划对土地利用的引导和控制作用显得特别重要。土地利用规划研究应在以下几个方面加强开拓研究。

1. 充实和完善规划内容，增强可操作性

各国土地利用规划的内容一般都以确定土地用途、规定土地使用范围、条件、标准和限制行为等为主，以此作为政府实行土地用途控制的依据。此外，以政策指南和以利用设计为主体的两大类土地利用规划将会得到充分的发展，充分和完善规划的内容，特别是扩充环境保护、生态开发、发展管理、金融职能、实施手段，自上而下地逐级深化，精心搞好详细规划，切实落实总体和专项规划的内容，增强土地利用规划的操作性和应用价值。

2. 地理信息系统和新技术的应用

土地利用规划应建立一套科学、高效的技术支持系统。随着地理信息系统、遥感和全

球定位系统的广泛运用，逐步建立土地利用规划管理信息系统，进一步提高上述现代技术手段在土地利用规划管理中的应用水平，从而为有关规划的数据收集和适时更新、大量规划信息的及时处理、数学模型的建立和规划方案的调整修改、规划实施的动态跟踪管理等提供先进技术手段，从而使土地利用规划向模型化、动态化、智能化的方向发展，必将大大提高土地利用规划的科学性和工作效率。

第二章 土地利用的空间粒度特征

第一节 景观指数粒度特征

"景观指数是土地利用景观生态学相关研究中的重要方法，也是众多土地利用评价中的重要指标，但其受空间粒度的影响巨大。"[1] 由于广州市共有二级地类33种且本研究空间粒度分级较细，结果数据量大，为更好地揭示不同土地利用类型在不同尺度下的变化规律，在所得数据结果中选择有代表性的土地利用类型的空间粒度变化规律进行探索。在类型选择中，尽量选取面积较大且分布较为广泛的类型，如城市、建制镇、村庄等，由此选择了14种土地类型进行分析，详见表2-1[2]，已选类型可占到广州市总面积的80%以上，可以较全面代表全部二级地类的特点。

表2-1 土地利用类型名称与编码表

地类名称	地类编码
水田	011
水浇地	012
果园	021
有林地	031
其他草地	043
公路用地	102
农村道路	104
河流水面	111
坑塘水面	114
沟渠	117
裸地	127
城市	201
建制镇	202
村庄	203

---

① 包宇.深圳市景观指数的粒度效应分析及指数时空动态研究 [D]. 武汉：武汉大学，2017：4.

② 本节表格引自秦鹏.土地利用尺度效应研究 [M]. 武汉：武汉大学出版社，2020：33.

一、景观指数类型水平粒度特征

（一）斑块数量和斑块密度

斑块数量（NP）随着空间粒度的变粗而减少，并呈现近似幂函数的变化规律。该指数值较大的土地利用类型随着粒度变粗，指数大多降低较快。部分土地利用类型在空间粒度变粗的过程中，出现先升后降的情况。其中，公路用地（102）在30m粒度时为转折点，粒度小于30m时，斑块数量随粒度变粗而增加，粒度大于30m时，斑块数量随粒度变粗而减少；河流水面（111）的转折点为20m粒度，粒度小于20m时，斑块数量随粒度变粗而增加，粒度大于20m时，斑块数量随粒度变粗而减少；有林地（031）在10m粒度时的斑块数量比在15m少，而在大于15m粒度时则呈现随粒度变粗而减少的有规律变化；裸地（127）在比较10m、15m和20m粒度的斑块数量时，分辨率为15m时斑块数量最少，而在粒度大于20m时，同有林地一样呈现出随粒度变粗而减少的有规律变化，如图2-1[①]所示。

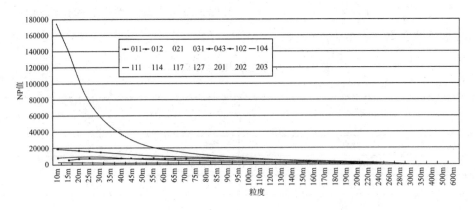

图2-1 斑块数量（NP）随空间粒度变化趋势图

有些土地利用类型，如公路用地（102）和河流水面（111），空间分布呈线形，其斑块数量在大于转折点粒度时与粒度呈现反比变化，而在低于转折点粒度时，则是呈现正比变化；还有些土地利用类型，如有林地（031）、裸地（127），在较细空间粒度时变化无规律，而在大于某个空间粒度之后，呈现规律性变化。由此可见，15m、20m、30m及附近的空间粒度为斑块数量变化的转折点阈，转折点前后规律不同。

斑块密度（PD）为斑块数量除以景观总面积，而景观总面积为确定值，因此，两个指数随粒度变化的规律相同，如图2-2所示。

---

① 本节图片引自秦鹏. 土地利用尺度效应研究 [M]. 武汉：武汉大学出版社，2020：34-67.

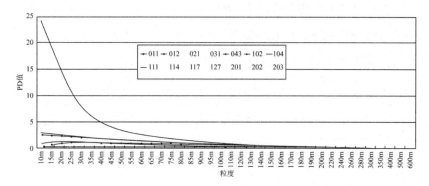

图2-2 斑块密度（PD）随空间粒度变化趋势图

（二）最大斑块指数

在不同的空间粒度上，有林地（031）最大斑块指数（LPI）的指数值最高，虽然总体上随粒度变粗呈上升趋势，但是规律性较差；城市（201）的最大斑块指数（LPI）总体上也呈现增长趋势，但是在30m粒度到55m粒度之间呈现出先升后降的变化趋势，之后随粒度变粗而缓慢升高；在粒度小于90m时，河流水面（111）的最大斑块指数（LPI）值高于果园（021），但是随着粒度升高至120m之后，果园（021）的指数值高于河流水面（111）；其他各土地利用类型的该指数值较小，且变化不大，随粒度变化较稳定，如图2-3所示。

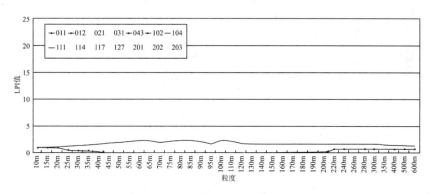

图2-3 最大斑块指数（LPI）随空间粒度变化趋势图

（三）总边界长度和边界密度

总边界长度（TE）总体上随着空间粒度变粗而下降，但是不同土地利用类型变化略有不同。果园（021）、有林地（031）和水田（011）在各粒度指数值均位列前三位，且位次稳定。农村道路（104）和沟渠（117）在大于85m粒度时，随粒度变粗下降得较快，指数值从第四位和第八位分别降到第十位和第十二位。在粒度大于85m之后，大多数土地利用类型的总边界长度（TE）变化不大，且其排位次序基本未发生变动。因此，对农村道路（104）和沟渠（117）来讲，在粒度较细时（小于85m），其总边界长度（TE）随粒度变粗而减少的趋势较为显著，而在粒度较粗时（大于85m），该指数变化较缓和，且与大多数土地利用类型的变化趋势相似，如图2-4所示。

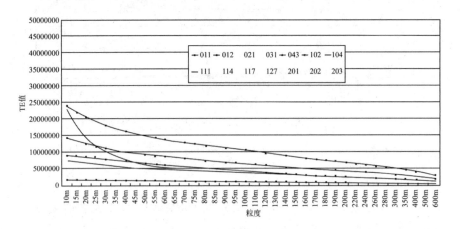

图2-4　总边界长度（TE）随空间粒度变化趋势图

边界密度（ED）为边界总长度除以景观总面积，边界密度（ED）随空间粒度变化趋势同总边界长度（TE）变化相同，如图2-5所示。

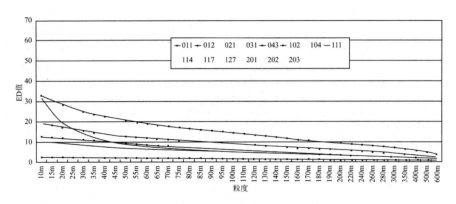

图2-5　边界密度（ED）随空间粒度变化趋势图

（四）景观形状指数

农村道路（104）和沟渠（117）在粒度变粗时，景观形状指数（LSI）随着空间粒度变粗而下降，农村道路（104）和沟渠（117）的变化趋势转折点分别在110m和70m，粒度小于转折点时，指数变化较大，且呈现幂指数的趋势。在粒度较大时，各土地利用类型呈现相似的变化趋势，景观形状指数（LSI）波动较小，且较稳定，不同土地利用类型的该指数值差距缩小，粒度越粗，指数值越接近，如图2-6所示。

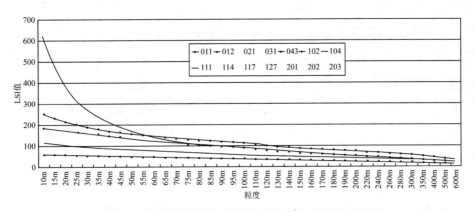

图2-6 景观形状指数（LSI）随空间粒度变化趋势图

（五）周长面积分维

农村道路（104）、沟渠（117）、公路用地（102）和河流水面（111）4种土地利用类型的周长面积分维（PAFRAC）指数值较高，随着粒度的变化该指数的规律性较差。其余的土地利用类型，在粒度小于120m时，周长面积分维指数（PAFRAC）随粒度变粗而升高，而当粒度大于120m时，则呈现不规则变化，升降趋势较乱的情况。综合以上分析，对于大多数土地利用类型来说，周长面积分维（PAFRAC）指数的转折点是120m，在转折点之后，波动剧烈，空间粒度变化特征规律性不明显，如图2-7所示。

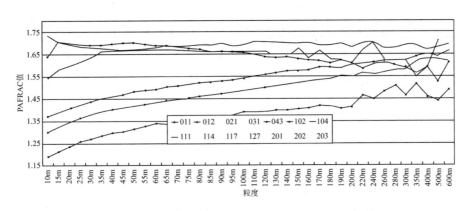

图2-7 周长面积分维（PAFRAC）随空间粒度变化趋势图

（六）斑块凝聚度

各土地利用类型的斑块凝聚度（COHESION）作为反映空间物理连接度的指数，在空间粒度较细时指数值较大，由此可以判断，在粒度较细时，各土地利用类型的物理连接度较好，而随着粒度变粗，斑块凝聚度（COHESION）的变化趋势不同。有林地（031）和城市（201）随着粒度基本上无变化，其斑块凝聚度（COHESION）指数值分别维持在97

和 96 之上；果园（021）、河流水面（111）和建制镇（202）在粒度小于 200m 时，指数变化特征与有林地（031）和城市（201）相似，较为稳定，但是在粒度大于 200m 时，则有较明显降低；水田（011）、坑塘水面（114）、村庄（203）和水浇地（012）在粒度小于 160m 时，随着粒度变粗，斑块凝聚度（COHESION）的指数值呈现出斜率稳定的直线下降趋势，但是在粒度大于 160m 时，该指数虽然总体上呈现下降趋势，但是规律性较差；裸地（127）和其他草地（043）随着粒度变粗，斑块凝聚度（COHESION）基本保持较为稳定的减少；公路用地（102）的斑块凝聚度（COHESION）在粒度小于 40m 时，变化不大，但是在粒度大于 40m 时，随着粒度变粗而变化明显，且在粒度大于 90m 时，与裸地（127）和其他草地（043）变化保持一致；沟渠（117）和农村道路（104）的斑块凝聚度（COHESION）在粒度小于 90m 时，指数值呈幂函数式下降，且较为明显，在粒度大于 90m 时，该指数值均降到了 20 以下，变化不大，虽有波动，但较为稳定，如图 2-8 所示。

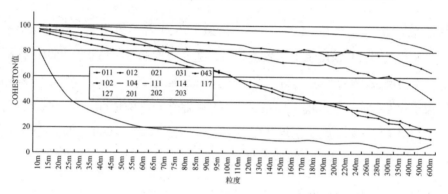

图 2-8　斑块凝聚度（COHESION）随空间粒度变化趋势图

二、景观指数景观水平粒度特征

（一）景观总面积和斑块数量

景观总面积（TA）在粒度大于 280m 之后波动较大，其原因同类型水平的类型所占景观总面积比例（PLAND）指数相似，当粒度大于 280m 时，由于粒度变粗且间隔加大，导致边界部分粒度网格与边界的空间耦合性变差，造成波动明显。斑块数量（NP）随着粒度变粗而减少，并且有明显的线性关系，呈现幂函数关系。在所研究粒度范围内，没有明显的折点。从斑块数量（NP）指示景观破碎度的意义来看，土地总体景观的破碎度随着粒度变粗而下降：粒度较细时，土地总体景观的信息表现出丰富且详细的特点，随着粒度变粗，共性的信息保留，而相对次要且特性的信息被忽略，粒度变粗对土地景观的宏观层面和总体性特征的影响更为明显，如图 2-9 所示。

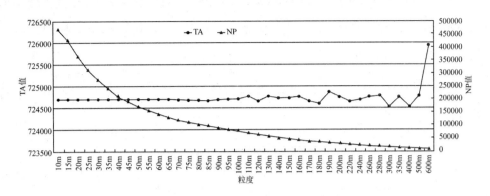

图2-9 景观总面积（TA）和斑块数量（NP）空间粒度变化图

（二）平均斑块面积、斑块密度和总边界长度

平均斑块面积（AREA_MN）随着粒度变粗而升高，在大于300m之后增加明显，平均斑块面积指数没有明显折点。平均斑块面积指示景观的异质性，与破碎度呈现反比例关系。随着粒度变粗，平均斑块面积指数值增大，景观的异质性减弱，破碎度降低，与斑块数量呈现反比例关系。斑块密度（PD）则随着粒度增加，呈现减少的趋势，线性规律较为明显，其变化规律与斑块数量相似。

总边界长度（TE）随着粒度变粗，指数值不断下降，在粒度为280m和500m时，在趋势线上有两处明显下降，但是从整体来看，呈现出较强的规律性。总边界长度反映了斑块延伸长度，其长度越长，景观越复杂。总边界长度随着粒度变粗而降低，说明粒度变粗，景观的复杂程度降低，土地特征相关信息减少，如图2-10所示。

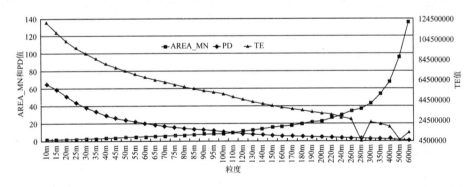

图2-10 平均斑块面积（AREA_MN）、斑块密度（PD）和总边界长度（TE）空间粒度变化图

（三）边界密度和景观形状指数

边界密度（ED）和景观形状指数（LSI）的变化趋势基本一致，在所研究的粒度范围内，景观形状指数下降的幅度要大于边界密度，说明粒度变粗对景观形状指数的影响比边界密

度大。边界密度的变化意义与总边界长度相同，而景观形状指数表现的则是景观形状规则的程度，随着粒度变粗，景观形状指数的值降低，土地总体景观是规则化倾向明显，如图2-11所示。

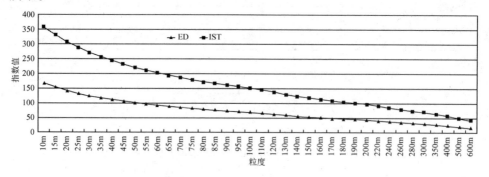

图 2-11　边界密度（ED）和景观形状指数（ISI）空间粒度变化图

（四）蔓延度指数、斑块凝聚度和聚合度指数

随着粒度变粗，蔓延度指数（CONTAG）总体呈现降低趋势，蔓延度指数可描述景观里斑块类型的团聚程度或延展趋势，因此包含了空间信息。粒度较细时，蔓延度指数值较大，景观中有连通度极高的优势拼块类型存在，表明广州市土地景观的不同土地利用类型呈现多种要素的散布格局，景观的破碎化程度较高。随着粒度变粗，蔓延度指数变小，表明景观中存在许多小拼块，广州市土地景观中的优势斑块类型形成了良好的连接。

斑块凝聚度（COHESION）指数是用来衡量相关斑块类型的物理连接性，斑块凝聚度越大表明该类斑块的物理连接性越强，广州市景观总体水平的连接性较强，整体保持在90以上，随着粒度变粗，其连接性略有降低，总体来看，空间粒度对斑块凝聚度的影响不大。

聚合度指数（AI）是表明斑块聚合程度的一个指标，随着空间粒度变粗，土地景观总体聚合程度在降低，在所研究的空间粒度范围内，聚合度随着粒度的变化较为明显，如图2-12所示。

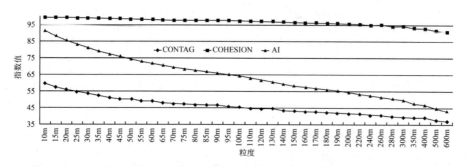

图 2-12　蔓延度指数（CONTAG）、斑块凝聚度（COHESION）和聚合度指数（AI）空间粒度变化图

（五）周长面积分维、香农多样性指数和香农均匀度指数

如图 2–13 所示，香农多样性指数（SHDI）和香农均匀度指数（SHEI）变化不大，二者受到空间粒度的影响较小。而周长面积分维（PAFRAC）是反映不同空间粒度性状的复杂性，随着粒度变粗，广州市的周长面积分维是增加的，说明景观总体上的形状规律性在减弱，斑块的形状越来越复杂。

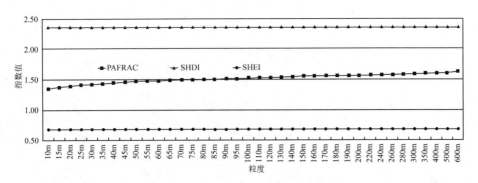

图 2–13 周长面积分维（PAFRAC）、香农多样性指数（SHDI）和
香农均匀度指数（SHEI）空间粒度变化图

第二节 土地利用分形特征与粒度转换

一、土地分形特征

根据矢量数据，建立景观层次及类型层次图斑的周长 – 面积双对数散点图，建立各地类一元线性回归模型，然后计算分维值和稳定性指数，仍只选择 14 种二级土地利用类型进行分析。研究结果表明，各土地利用类型的周长、面积对数之间具有相当高的相关性，相关系数都大于 0.8，说明面积与周长的这种关系并不是偶然发生的，表明广州市的土地利用格局具有分形特征，见表 2–2[①]。

表 2–2 广州市各土地利用类型分形相关公式及指数值

地类代码	总面积（km²）	周长 – 面积对数关系	相关系数（R²）	分维值（D）	稳定性指数
全市	7274.11	$\ln A = 1.4943 \ln P - 0.6247$	0.8774	1.3384	0.1616
011	558.51	$\ln A = 1.6427 \ln P - 1.2366$	0.9631	1.2175	0.2825
012	317.61	$\ln A = 1.7079 \ln P - 1.6514$	0.9382	1.1710	0.3290
021	1080.46	$\ln A = 1.5351 \ln P - 0.7665$	0.9336	1.3028	0.1972

---

① 本节表格引自秦鹏. 土地利用尺度效应研究 [M]. 武汉：武汉大学出版社，2020：51.

地类代码	总面积（km²）	周长－面积对数关系	相关系数(R²)	分维值（D）	稳定性指数
031	2376.51	$\ln A = 1.5480\ln P - 0.8972$	0.9365	1.2920	0.2080
043	48.77	$\ln A = 1.7441\ln P - 1.7196$	0.8879	1.1467	0.3533
102	148.00	$\ln A = 1.2039\ln P + 1.3049$	0.8964	1.6613	0.1613
104	85.41	$\ln A = 1.0901\ln P + 0.4395$	0.9513	1.8347	0.3347
111	283.18	$\ln A = 1.3282\ln P - 0.1789$	0.8257	1.5058	0.0058
114	472.85	$\ln A = 1.7073\ln P - 1.5005$	0.9645	1.1714	0.3286
117	64.59	$\ln A = 1.1857\ln P + 0.0378$	0.8874	1.6868	0.1868
127	30.42	$\ln A = 1.7065\ln P - 1.4696$	0.9045	1.1720	0.3280
201	644.67	$\ln A = 1.7143\ln P - 1.6484$	0.9779	1.1667	0.3333
202	214.31	$\ln A = 1.6880\ln P - 1.5746$	0.9793	1.1848	0.3152
203	395.84	$\ln A = 1.6804\ln P - 1.5611$	0.9784	1.1902	0.3098

广州市景观层次的分维度为1.3384，说明土地利用类型结构复杂性程度较低，因为人类的干扰集中在市区范围，对整个广州市的面积来说相对较小，所以景观层次的分维度并不高；稳定性指数为0.1616，稳定性也较低，说明受人类影响已经达到了一定的程度，正处于结构变化剧烈的状态，因而稳定性差。

在类型水平上，14种土地利用类型的分维值大小排序为：农村道路（104）＞沟渠（117）＞公路用地（102）＞河流水面（111）＞果园（021）＞有林地（031）＞水田（011）＞村庄（203）＞建制镇（202）＞裸地（127）＞坑塘水面（114）＞水浇地（012）＞城市（201）＞其他草地（043）。广州市农村道路的分维度比较高，为1.8347，是复杂程度最高的土地利用类型，其次是沟渠、公路用地和河流水面。分维度最大的四种土地利用类型均为线状地类，其取值均大于1.5，说明复杂程度较高。果园、有林地和水田分维度偏低，因受到一定程度的人类干扰，土地利用类型空间分布形态遭受破坏，但是程度不大，所以分维值偏低。其余土地利用类型的分维值均在1.2以下，复杂程度最小，如村庄、建制镇、城市等均是受人类活动影响较为充分的土地利用类型，这些类型与正方形最为接近，其空间分布形态最为规则，分维值也较低。

14种土地利用类型稳定性指数的排序为：其他草地（043）＞农村道路（104）＞城市（201）＞水浇地（012）＞坑塘水面（114）＞裸地（127）＞建制镇（202）＞村庄（203）＞水田（011）＞有林地（031）＞果园（021）＞沟渠（117）＞公路用地（102）＞河流水面（111）。广州市其他草地的稳定性指数最高，为0.3533，其空间结构稳定性最强，其次是农村道路和城市，这些土地利用类型的空间变动规律性强，形态结构变化稳定，而公路用地和河流水面的稳定性最差，此种土地利用类型空间分布零散，形态结构规律性差。

二、土地利用粒度转换

（一）类型水平景观指数粒度效应

通过对类型水平上选择的 9 种指数进行分析发现，空间粒度对各土地利用类型所占景观总面积比例（PLAND）的影响不大，在空间粒度小于 200m 时，各类型的该指数基本上没有波动；在空间粒度大于 200m 时，部分类型的指数会稍有波动，但波动不大。斑块数量（NP）随着空间粒度变粗而减少，并呈现近似幂函数的变化规律，15m、20m、30m 及附近的空间粒度为斑块数量变化的转折点阈，斑块密度（PD）与斑块数量类似。在不同空间粒度上，有林地（031）、城市（201）、河流水面（111）和果园（021）的最大斑块指数（LPI）指数值相对较高且变化复杂，其他各土地利用类型的该指数值较小，且变化不大。总边界长度（TE）总体上随着空间粒度变粗而下降，但是不同土地利用类型变化略有不同，果园（021）、有林地（031）和水田（011）的指数值排位靠前且较稳定，大多数土地利用类型的总边界长度（TE）变化不大，且其排位次序基本未发生变动，85m 空间粒度为其转折点阈，转折点两侧呈现不同的波动特征，边界密度（ED）与边界总长度类似；景观形状指数（LSI）随着空间粒度变粗而下降，除去沟渠（117）外，大多数土地利用类型的转折点在 110m，不同土地利用类型的该指数值差距缩小，粒度越粗，指数值越接近。对于大多数土地利用类型的周长面积分维指数（PAFRAC）转折点是 120m，在转折点之后，波动剧烈，空间粒度特征规律性不明显；斑块凝聚度（COHESION）在粒度较细时取值较高，而随着粒度变粗，斑块凝聚度（COHESION）的下降趋势在不同的土地利用类型之间有差异。

（二）类型水平景观指数粒度转换

类型水平景观指数值与空间粒度之间曲线拟合结果显示，斑块数量（NP）指数中，水田（011）、其他草地（043）、公路用地（102）、裸地（127）拟合为指数函数较好，其余土地利用类型拟合为幂函数效果较好，斑块密度（PD）与斑块数量（NP）相同。从最大斑块指数（LPI）的拟合方程来看，有 6 个二次多项式，5 个幂函数，3 个对数函数，该指数的曲线响应效果一般。边界长度（TE）指数中，农村道路（104）和沟渠（117）拟合为幂函数效果较好，其他草地（043）拟合为指数函数较好，其余 11 种土地利用类型拟合为对数函数较好，边界密度（ED）与边界长度（TE）的响应曲线相同。景观形状指数（LSI）中，其他草地（043）和裸地（127）拟合为二次多项式效果显著，而农村道路（104）和沟渠（117）则拟合为幂函数效果较好，其余 10 种土地利用类型拟合为对数函数较好。斑块凝聚度指数（COHESION）果园（021）拟合为指数函数为优，而农村道路（104）和沟渠（117）则拟合为幂函数效果较好，其余土地利用类型则均拟合为二次多项式效果较好。

（三）景观水平景观指数粒度效应及其转换

在经过景观水平 13 个指数的分析之后，发现指数的粒度转折点现象不明显，随着空间粒度变化，指数的规律性更强，线性特征更显著。景观总面积（TA）在粒度大于 280m 之后波动明显；斑块数量（NP）随着粒度变粗而减少，并且有明显的线性关系，呈现幂函数关系；平均斑块面积（AREA_MN）随着粒度变粗而升高，在大于粒度 300m 之后增加明显；斑块密度（PD）则随着粒度增加呈现减少的趋势，线性规律较为明显，其变化规律与斑块数量相似；总边界长度（TE）随着粒度变粗，指数值不断下降，呈现出较强的规律性；边界密度（ED）和景观形状指数（LSI）变化趋势基本一致，在所研究的粒度范围内，景观形状指数下降的幅度要大于边界密度；随着粒度变粗，蔓延度指数（CONTAG）总体呈现降低趋势，斑块凝聚度（COHESION）指数与蔓延度指数变化趋势相同，但是其随着粒度变粗，取值略有降低，幅度不大；聚合度指数（AI）随着粒度的变化较为明显，而香农多样性指数（SHDI）和香农均匀度指数（SHEI）变化不大，二者受到空间粒度的影响较小；周长面积分维（PAFRAC）随着粒度变粗，指数值是增加的。对景观水平的指数建立多项式函数、幂函数和对数函数的效果较好，但是指数不同，模型的效果是有差异的，平均斑块面积（AREA_MN）模型效果较好，而香农多样性指数（SHDI）则较差。

综合类型水平和景观水平的指数特征分析，土地利用的格局特征会随着空间粒度的变化而有差异，在相关研究中应该参考空间粒度因素对土地本身特征的影响。虽然有部分特征指数随粒度变化并无规则，但是大多数呈现规律性，这为在不同空间粒度上的定量化描述和实现粒度之间特征的转换提供了可能。在类型水平的景观指数中，最大斑块指数（LPI）的模型效果最差，该指数的模型效果在不同土地利用类型之间的差异也较大。在景观水平的指数与空间粒度之间建立多项式函数、幂函数和对数函数的模型效果较好，指数不同模型的效果也不同。

第三节　土地利用跨粒度转换与粒度效应

一、土地利用跨粒度转换特征

（一）逐步回归分析原理

"回归分析是一种处理变量间相关关系的有效数理统计方法，回归分析模型目前已应用于环境领域的多个方面，并在实际应用中证实了其准确性和可行性。"[1] 逐步回归模型是以已知地理数据序列为基础，根据多元回归分析法和求解逆紧凑变换法及双检验法而建立的能够反映地理要素之间变化关系的最优回归模型，并用于地理分析和地理决策的多元线性回归分析。它实质上就是在多元线性回归分析基础上派生出的一种研究和建立最优多元线性回归方程的算法技巧。

逐步回归分析的理论基础是多元线性回归分析法，它的算法技巧在于求解求逆紧凑变换法。逐步回归分析的方法技巧是双检验法，即引进和剔除检验法。逐步回归分析的核心任务是建立最优回归方程，主要作用是降维。逐步回归分析主要用于因果关系分析、聚类分析、区域规划、综合评价等。这种方法要求自变量个数尽可能多，因为通过筛选自变量的办法，选取自变量的个数越多，回归平方和越大，剩余平方和越小，则回归分析效果就越好，这也是提高回归模型分析效果的重要条件。逐步回归分析法的优点是，在限定条件下，可以消除不显著的因子，选择最优的影响因子，建立解释能力最强的多元线性回归方程。

一般而言，空间粒度越接近，土地利用类型的特征越相似，景观指数特征的粒度转换效果就越好，转换效果的好坏与粒度的间距呈现反比例关系。为了验证空间粒度间距与粒度转换效果的关系，将建立不同空间粒度景观指数值之间的相关关系对跨粒度转换效果进行分析。以景观指数类型水平特征分析为基础，在38种空间粒度中尽可能多地选出倍数关系进行对比分析，样本中以2倍关系和4倍关系居多，因此共选出17对2倍关系和12对4倍关系。为方便比较，也建立了10m空间粒度转换为其余37种空间粒度的模型，研究其在满足一定条件下，随着空间粒度间距增大，指数跨粒度转换的可行性及转换的效果，以方便观察差数关系与倍数关系的模型效果差异。

（二）跨粒度转换效果分析

1. 斑块数量的粒度转换

建立以10m空间粒度的斑块数量（NP）指数值推测其余粒度水平指数值的曲线方程，以曲线方程的相关系数值指示粒度转换的效果。在各空间粒度指数值之间可以建立转换关系方程，但并不完全遵循粒度间隔越接近，相关系数越大的规律。在小于200m粒度时，模型效果随着空间粒度变粗而变差，呈现线性规律。在粒度大于200m后，因其波动较为明显，相关系数随粒度间距变化而规律性消失。在空间粒度间距小于250m时，模型相关系数均保持在0.85以上，这种通过指数值进行跨粒度转换的方法对类型水平的斑块数量（NP）指数效果较好，如图2-14所示。

---

① 张菁，马民涛，王江萍. 回归分析方法在环境领域中的应用评述［J］. 环境科技，2008，21（S2）：40.

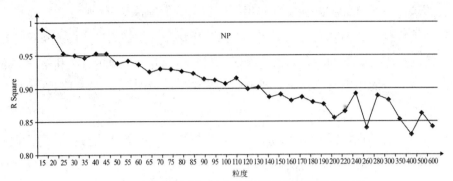

图 2-14　斑块数量（NP）相关系数随粒度间距变化图

　　斑块数量（NP）指数遵循粒度之间的等倍关系进行跨粒度转换，在 2 倍关系和 4 倍关系中，随着粒度间距的增大，相关系数并未明显降低，在倍数关系中，粒度间距对相关系数影响不大，如图 2-15 所示。

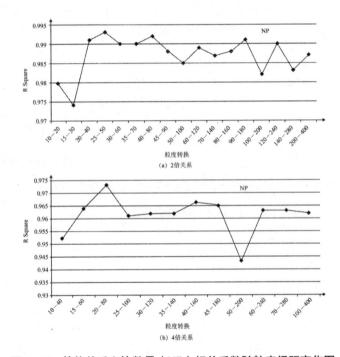

图 2-15　等倍关系斑块数量（NP）相关系数随粒度间距变化图

　　从总体上看，2 倍关系粒度转换方程相关系数高于 4 倍关系，在粒度之间等倍关系固定时，不符合粒度间距越大，方程效果越差的规律。

2. 最大斑块指数的粒度转换

　　以 10m 粒度最大斑块指数（LPI）指数值转换为其他粒度指数值时，如图 2-16 所示，在小于 95m 粒度时，总体趋势降低，且呈现线性规律，大于 95m 后，波动较为明显，规律性差，同样不符合粒度间距越大效果越差的规律。以 10m 粒度指数值进行粒度转换，

95m 粒度为转折点。

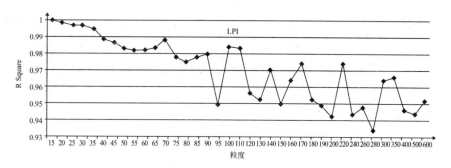

图 2-16　最大斑块指数（LPI）相关系数随粒度间距变化图

在倍数固定的情况下，间距增大，方程效果并没有表现出变差的情况，规律性较差，如在 2 倍关系中，20m 粒度转换为 40m 粒度的相关系数值最小，而在 4 倍关系中则是 70m 粒度转换为 280m 粒度的相关系数值最小，如图 2-17 所示。

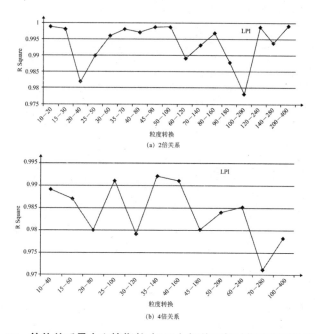

图 2-17　等倍关系最大斑块指数（LPI）相关系数随粒度间距的变化图

从总体上讲，2 倍关系粒度转换效果是优于 4 倍关系粒度的，粒度之间存在等倍关系时最大斑块指数（LPI）的指数转换方程相关系数随着空间粒度间距的变化没有呈现出规律性。

3. 边界长度的粒度转换

以 10m 粒度边界长度（TE）指数值转换为其他粒度可以建立转换方程，整体上遵循粒度间距越小，转换效果越好的规律。不过，粒度间距增大到一定程度时，方程的相关系数波动明显，如图 2-18 所示。

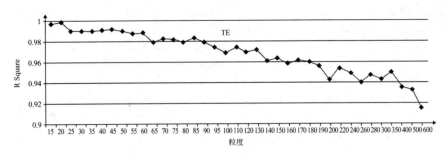

图 2-18 边界长度（TE）相关系数随粒度间距变化图

边界长度（TE）分别按 2 倍关系和 4 倍关系进行粒度转换时，所建方程的相关系数分别高于 0.987 和 0.975，说明转换效果较好，但在倍数关系确定的前提下，相关系数随粒度间距变化的规律性仍然较差，转换效果差距不大，如图 2-19 所示。

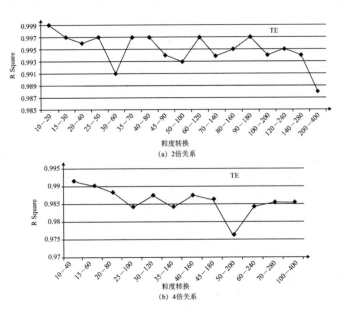

图 2-19 等倍关系边界长度（TE）相关系数随粒度间距变化图

总体而言，2 倍关系指数转换方程效果是优于 4 倍关系的，粒度之间存在等倍关系时，边界长度（TE）指数转换效果随着粒度间距变化的规律性差。

4. 景观形状指数的粒度转换

以 10m 空间粒度景观形状指数（LSI）值转换为其余粒度水平指数值的方程，在小于 200m 粒度时，相关系数的总体趋势是降低的，且呈现线性规律；在粒度大于 200m 后，波动变得明显，随着粒度间距增大，所建粒度转换方程效果时好时差。以 10m 粒度指数值进行粒度上推，200m 为转折点。所建方程并不遵循粒度间距越小，相关系数越大的规律，如图 2-20 所示。

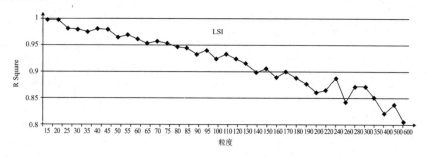

图 2-20　景观形状指数（LSI）相关系数随粒度间距变化图

粒度之间遵循等倍关系时，景观形状指数（LSI）按 2 倍关系和 4 倍关系进行粒度转换时，所建方程效果均较好，等倍关系是景观形状指数（LSI）相关系数随粒度间距变化，如图 2-21 所示。

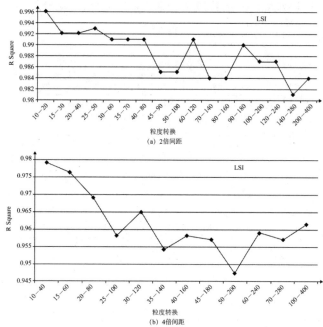

图 2-21　等倍关系景观形状指数（LSI）相关系数随粒度间距变化图

总体而言，2 倍关系指数转换方程的相关系数仍然高于 4 倍关系，2 倍关系方程的相关系数总体上随粒度间距增大有下降趋势，而 4 倍关系则呈现出先下降后上升的变化特点，相关系数随粒度间距的变化都有振荡特点，表现出一定的规律性，这与以上 3 种指数略有不同。

5. 周长面积分维的粒度转换

建立以 10m 粒度的周长面积分维（PAFRAC）指数值转换为其他粒度的方程，如图 2-22 所示，在粒度小于 280m 时，总体趋势降低，且呈现线性规律，大于 280m 后，波动较为明显，不符合粒度间距越大效果越差的规律。周长面积分维（PAFRAC）指数以 10m 粒度为基准行指数转换，280m 为转折点。

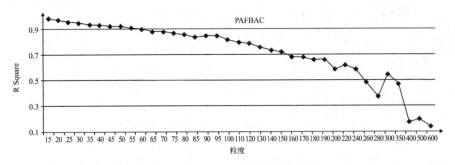

图 2-22　周长面积分维（PAFRAC）相关系数随粒度间距变化图

在用等倍关系对周长面积分维（PAFRAC）指数进行跨粒度分析时，该指数的规律最为明显。在 2 倍数关系和 4 倍数关系中，均呈现出粒度间距增大，粒度转换方程相关系数降低的规律。粒度间距增大到一定程度（2 倍关系＞100m、4 倍关系＞150m）后，相关系数均出现下降速率加快的现象，如图 2-23 所示。

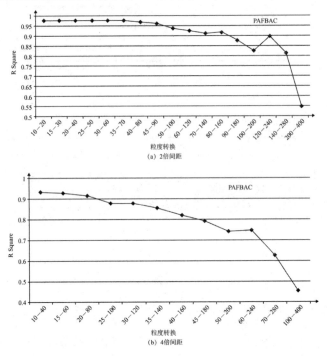

图 2-23　等倍关系周长面积分维（PAFRAC）相关系数随粒度间距变化图

6. 斑块凝聚度的粒度转换

以 10m 粒度斑块凝聚度（COHESION）指数值进行跨粒度转换，整体上遵循粒度间距越小，所建方程效果越好的规律。如图 2-24 所示，在粒度大于 350m 时，模型效果下降明显。

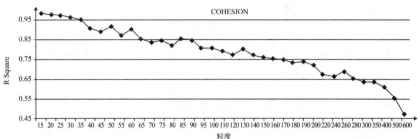

图2-24 斑块凝聚度（COHESION）相关系数随粒度间距变化图

斑块凝聚度（COHESION）指数2倍粒度关系中，40m粒度转换为80m粒度的效果最差，在4倍关系中，则为20m粒度转换为80m粒度的效果最差，如图2-25所示。随着粒度间距增大，该指数粒度转换方程相关系数整体上呈现先降低再升高的趋势，其中在2倍关系中，在粒度间距大于100m之后，呈现小幅度降低。

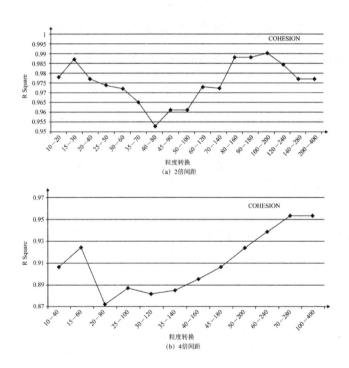

图2-25 等倍关系斑块凝聚度（COHESION）相关系数随粒度间距变化图

二、土地利用粒度效应分析

（一）城镇用地与土地利用类型空间分布

1. 广州市城镇用地扩展特征分析

广州市地处珠江三角洲，属于珠江三角洲河口区，受南亚热带季风气候影响，土壤肥沃，生物种类繁多，土地覆被多样，自然环境优越，土地资源丰富，利用类型多样。同时，广州市是我国国家中心城市，经济、社会、区位等社会人文因素的作用也不可小觑，特别是30多年来，广州市经济、社会、文化有了迅猛的发展。因此，选取广州市为研究区域，对城市空间扩展过程中的城镇用地变化进行分析，以期探究广州市的城镇用地扩展规律及影响因素，为土地利用变化的影响条件分析提供科学参考。

（1）数据预处理。由于前期数据采用旧的土地利用分类，与现行土地利用分类相矛盾，为了便于数据前后对比统一，参考新旧地类对比表，将所有数据均转换为新的土地利用分类标准。土地利用类型主要参照第二次全国土地调查相关分类标准，城镇用地包括农村土地利用现状二级分类中的城镇村及工矿用地和交通运输用地。地类转换后，对数据进行拓扑检查，最终建立广州市城镇用地扩展研究数据库品。

（2）城镇用地扩展特征分析。对城镇用地扩展的研究，主要指在研究时段的起止之间探究城镇用地在数量结构上的特点和变化，从而总结出相关规律，以便利用规律更好地为我们生活服务。

第一，扩展强度指数。扩展强度指数是指平均每年城镇用地扩展面积占研究区域总面积的百分比。主要指示城镇用地扩展状况相对于研究区的强弱程度，计算公式如下：

$$UII = \frac{(U_b - U_a) \times 100}{TLA \times T} \qquad (2-1)$$

式中　　UII——城市扩展强度指数；

　　　　U_a、U_b——起止时相城镇用地数量；

　　　　TLA——研究单元土地总面积；

　　　　T——研究时段的时间跨度。

第二，重心转移指数。重心转移指数是描述城镇用地几何重心的转移距离和角度状况。

重心坐标计算公式如下：

$$x_t = \sum_{i=1}^{n} C_{ti} \times \frac{x_i}{\sum_{i=1}^{n} C_{ti}} \qquad (2-2)$$

$$y_t = \sum_{i=1}^{n} C_{ti} \times \frac{y_i}{\sum_{i=1}^{n} C_{ti}} \qquad (2-3)$$

重心转移距离计算公式如下：

$$L_{t+1} = \sqrt{(x_{t+1} - x_t)^2 + (y_{t+1} - y_t)^2} \qquad (2-4)$$

重心转移角度计算公式如下：

$$a_{t+1} = \arctan\left(\frac{y_{t+1} - y_t}{x_{t+1} - x_t}\right), x_{t+1} - x_t \geqslant 0 \tag{2-5}$$

$$a_{t+1} = \pi - \arctan\left(\frac{y_{t+1} - y_t}{x_{t+1} - y_t}\right), x_{t+1} - x_t < 0 \tag{2-6}$$

式中　　x_t、y_t——t 时相城市用地重心坐标；

x_i、y_i——第 i 块城市用地的几何中心坐标；

C_{ti}——第 i 个片区面积；

L_{t+1}——从 t 到 $t+1$ 时期地理单元空间重心转移距离；

a_{t+1}——从 t 到 $t+1$ 时期地理单元空间重心转移方向与正东方向夹角。

2. 土地利用类型空间分布影响因素分析

（1）自然地理条件。社区理论将居住空间组织形式向邻里模式回归，人的尺度和人控制环境的范围和认知能力会限定居住空间规模。由此推论，地质地貌等自然环境条件是城镇用地扩展的基础条件，从宏观上决定了城镇用地扩展的总体趋势，城镇的开发利用在一定程度上受到自然因素的制约。广州市处于粤中低山与珠江三角洲之间的过渡地带，地势由东北向西南倾斜，地貌的层状结构明显，北部以山地、丘陵为主，中部以台地、阶地为主，南部和西部以平原为主。

（2）经济开发区建设。经济的快速发展是城镇用地扩展的基石，其增长快慢决定着城区的扩展速度和空间格局的演变，是推动城区扩展的主要动力，尤其是经济开发区的建设，成为 20 世纪 90 年代以来城镇的发展热点。广州经济技术开发区是建设规模最大、配套设施最完善、发展速度最快的国务院批准成立的首批 14 个国家级开发区之一。广州经济技术开发区分成西区、东区、永和经济区和广州科学城 4 个区域。

（3）基础设施建设。城市空间的发展方向在很大程度上取决于土地利用结构中基础设施所占的比例，而交通网络起着较为重要的作用。根据多中心组团式网络型城市交通相关理论，交通设施对城镇用地扩展有着非常重要的驱动作用，交通干线网络作为城市对外交通经济命脉，是城市对外联系的关键所在，也是城区扩展的牵引力。

（4）行政引导。2000 年广州编制了城市建设总体战略概念规划，提出"南拓、北优、东进、西联"的发展战略。北部是广州市主要的水源涵养地，在 1995—2000 年西北方向由于机场建设，增长较快之后，在保证贯彻"机场控制区"规划的前提下，西北方向城镇用地扩展受到限制，特别是新机场建成之后，政策作用对该方向城镇用地的扩展影响较大。由于位于广州市东北部的中央商务区的建设拉动城市发展重心向东拓展，将旧城区的传统产业向黄埔—新塘一线集中迁移，2000年之后，城镇用地向东扩展明显。西部直接毗邻佛山等城市，城镇用地扩展明显受到制约，取而代之的是城镇用地内部结构优化配置；未来大量基于知识经济和信息社会发展的新兴产业、会议展览中心、生物岛、大学园区、广州新城等将布置在都会区南部，同南向方位扩展指数保持较高数值且稳定相统一，使得南部地区具有广阔的发展空间。基于政策的影响，对各个方位土地供应强度的差异，对广州市城镇用地扩展方向产生影响，其区位结构作用于城市空间发展的方向，行政引导的城市建设规划对城镇用地扩展有较为重要的影响，城镇用地扩展倾向于政策引导的区域。

（5）综合分析。结合广州市城镇用地扩展因素分析，对广州市土地利用类型空间分布所处的自然环境条件与经济社会发展条件，从以下几个方面进行阐述。

第一，地质地貌是土地资源及其利用的重要影响因素，地势地貌特征构成了广州土地资源及其利用的基本格局；优越的气候条件为广州动植物以及农作物生产创造了良好条件，十分适合亚热带林果和喜温作物生长，土地资源及其利用潜力大、价值高。由于土壤类型及其分布与地形和气候相关性较大，因此土壤对土地资源及其利用的影响，与地形气候有相似性，主要通过地表植物生产表现出来。总体而言，广州市自然环境条件对土地利用空间分布的影响较大，一些特定的因素会对部分土地利用类型的分布起决定性作用。

第二，人口快速增长，为广州市国民经济发展提供了丰富的劳动力资源，为土地的集约经营提供了人力条件，但是也加重了土地的承载压力。同时土地资源的大量占用与消耗以及土地环境问题日益加剧，将导致人均占有土地资源量不断减少和土地资源中非农用地所占比例上升。广州市经济的稳步快速发展，必然引起建设用地需求量的大量增加，从而导致土地利用格局的变化，尤其是在工业化和城镇化进程中，人口和产业在不断向城市集中，城市地域扩散并占用土地，使土地利用非农化，而且一些生活方式和价值观念的变化和扩散，也在逐步改变原来的土地利用空间分布结构。总体来讲，经济社会发展对广州市土地利用类型空间分布的影响也较为显著，在小区域范围内起着关键作用。

第三，城镇化的快速发展也对城市土地利用空间分布起着重要作用。城市空间布局受到基础设施建设的影响，区位要素对土地利用空间分布的影响也显现出来，尤其是以主办2010年亚运会为契机，打造区域性交通枢纽，目前基本建成的以"三港双快"（空港、海港、信息港，高快速道路、快速轨道线）为主骨架的现代化交通网络，均在一定程度上改变了广州市土地利用的空间分布。

（二）数据预处理

1. 空间粒度的选择

采用土地利用类型的 8 个一级土地利用类型，分别为耕地、园地、林地、草地、城镇村及工矿用地、交通运输用地、水域及水利设施用地和其他土地。空间粒度通过 ArcGIS 相关工具生成公里网格来实现，用公里网格来收集各对应空间位置内土地利用类型面积数据和影响因子的数据。由于土地利用空间分布的粒度效应分析涉及较多经济社会统计数据，这类数据一般都按照行政区划单位进行统计，如果粒度选择与土地利用特征相同，空间粒度相对行政区划过小，影响因素在相邻空间粒度之间基本没有差别，区分度不够，所以在粒度较粗的区域内分别选择 1km、2km、3km、4km、5km、6km、7km、8km、9km 和 10km 共 10 种空间粒度。为了提高数据处理效率并方便后期数据分析，同时考虑到尽量减小栅格聚合和数据转换时造成的误差，本研究采用矢量格式获取空间要素并建立不同粒度网格的数据库。

（1）通过 ArcGIS 软件生成不同粒度的网格。以整个广州市行政边界矢量数据为源数据，转换为像元大小为 1～10km 粒度的栅格图，然后再把栅格图转换为矢量格式的点数据，最后再转换成矢量格式的面状数据，这样就生成了不同粒度大小的网格，对每个网格进行唯一编码，以保证后期网格属性数据空间对应。后面的数据处理就是要获取每个网格内对应的土地利用数据和因子数据。

（2）获取各网格土地利用数据。把不同粒度网格数据与土地利用现状数据叠加，导出叠加数据的表格数据，在 Excel 中通过数据透视表及手动编码等操作，通过网格编码统计每个网格所对应的不同土地利用类型的面积占网格总面积的百分比。百分比计算方法为某种土地利用类型占网格内部全部土地面积的百分比。在网格数据属性表中使用连接功能，把每个网格所对应的土地利用类型百分比数据导入网格数据属性表中。土地利用类型数据没有使用传统方法中以网格中主导的土地利用类型代替，而是以在网格中各土地利用类型所占面积的百分比表示。

2. 影响因子数据处理

根据土地利用变化影响因子选取原则，选择区位要素、高程与坡度要素、坡向要素和经济社会要素四个方面共计 28 个影响因子，在 1～10km 共 10 种空间粒度上，选择通过逐步回归分析法，分析这些因子在不同空间粒度上对土地利用类型空间分布的作用大小，通过对不同空间粒度模型的回归系数分析不同尺度影响因子对土地利用方式的作用水平，并对模型在不同空间粒度的拟合效果进行分析。

在确定研究区并获取数据之后，对研究思路进行设计，数据处理的最后一步是进行逐步回归分析，需要把空间上对应的数据进行叠加处理，这涉及土地利用和影响因子两类数据。土地利用数据可以直接获取，而获取影响因子数据之前，需要对影响因子数据进行筛选并处理。

（1）区位要素。根据区位理论和城市交通相关理论，交通设施对土地利用类型分布有着非常重要的作用，从广州市城镇用地扩展分析可以看出，广州市交通运输用地影响着其周边土地利用类型的分布，而广州市历次行政区划调整，使行政区域中心变化，这也带来了其空间分布的转变，这与交通设施类似，因此作者在区位要素中，选择了到道路距离和到行政区域中心距离两个方面的因子。

因为道路等级不同，对其周边土地利用类型的影响大小不同，所以把道路分为高速公路和国道省道两个级别，可分为到高速公路距离和到国道、省道的距离，计算方法为不同粒度网格到距离最近的道路距离，获得到道路距离的两个因子，与道路距离相似，行政区域等级不同，其行政区域中心对周边土地利用类型的影响也不尽相同，因此，行政区域中心分为三级：广州市中心、区及县级市中心和镇及街道中心，分别计算不同粒度网格与不同等级中心的距离，得到行政区域中心距离的三个因子，见表 2-3[①]。

表 2-3　区位要素因子

代码	名称	单位	含义
X1	到高速公路距离	m	网格到最近的高速公路的距离
X2	到国道、省道距离	m	网格到最近的国道和省道的距离
X3	到镇及街道中心距离	m	网格到最近的镇和街道中心的距离
X4	到区及县级市中心距离	m	网格到最近的区和县级市中心的距离
X5	到市中心距离	m	网格到广州市中心的距离

（2）高程与坡度要素。

高程有差异会影响到土地利用类型及方式，特别是人为影响较大的土地利用类型，高程一般会起到举足轻重的作用，广州市地势由东北向西南倾斜，北部以山地、丘陵为主，中部以台地、阶地为主，南部和西部以平原为主，这样的高程差异对土地利用类型的空间分布有一定的影响，例如广州市北部山地、丘陵地区多分布林地，而平原地区多分布城镇村及工矿用地和耕地，高度越高，土地所处自然环境会相对恶劣，人们改变其原有土地利用类型的愿望就越低。

坡度同样会带来类似问题，坡度达到一定程度，水土流失加重，会导致耕地、园地等农用地的适宜性下降，如坡度大于 25° 的土地一般不适于耕地，这已广泛达成共识。对于建设用地等土地利用类型，坡度大，会使土地利用类型改造的成本提高，人们改变原有土地利用类型的难度加大，同时，更易发生山洪、泥石流等自然灾害，对人们劳动成果有

① 本节表格引自秦鹏. 土地利用尺度效应研究 [M]. 武汉：武汉大学出版社，2020：79—86.

毁灭性打击，因此，坡度对土地利用类型的空间分布也起着举足轻重的作用。

高程方面只得到一个因子，以不同粒度网格内平均高程代表；坡度方面则按照坡度的大小，对坡度要素进行了更细致的划分，分为坡度 A 级（X7）、坡度 B 级（X8）、坡度 C 级（X9）和坡度 D 级（X10）共 4 个因子，见表 2-4。以统计网格内不同坡度级别所占百分比作为分析因子数据。

表 2-4　高程与坡度要素因子

代码	名称	单位	含义
X6	高程	m	网格的平均海拔高度
X7	坡度 A 级百分比	%	网格内坡度＜ 5°所占百分比
X8	坡度 B 级百分比	%	网格内 5°≤坡度＜ 15°所占百分比
X9	坡度 C 级百分比	%	网格内 15°≤坡度＜ 25°所占百分比
X10	坡度 D 级百分比	%	网格内坡度≥ 25°所占百分比

（3）坡向要素。由于因子选择的差异性原则，一般要选择研究区域内空间差异较为明显的因子，而无差异或差异较小的因子则被忽略。广州市的日照时长、温度、降水量等因素差异较小，与此相关的因子一般不被考虑，但是在一个小区域范围内或研究尺度较小时，坡向使气候类因子会有显著差别，如迎风坡和背风坡的降水量差异明显、南坡和北坡的日照时长有天壤之别等，并且这种差异对农用地的分布有着非常重要的影响，因此，坡向在某种程度上把差异较小的因子变成了差异较大的因子，坡向成为主要原因。

通过以上分析，本研究把坡向划分为 5 个因子，分别为坡向 E 东坡（X11）、坡向 F 平坡（X12）、坡向 N 北坡（X13）、坡向 S 南坡（X14）和坡向 W 西坡（X15），详见表 2-5。

表 2-5　坡向要素因子

代码	名称	含义
X11	坡向 E 东坡百分比	网格内 45°≤坡面方向＜ 135°（正北方向为 0°，顺时针递增计数）所占的百分比
X12	坡向 F 平坡百分比	网格内无坡面方向所占的百分比
X13	坡向 N 北坡百分比	网格内 315°≤坡面方向＜ 360°和 0°≤坡面方向＜ 45°（正北方向为 0°，顺时针递增计数）所占的百分比
X14	坡向 S 南坡百分比	网格内 135°≤坡面方向＜ 225°（正北方向为 0°，顺时针递增计数）所占的百分比
X15	坡向 W 西坡百分比	网格内 225°≤坡面方向＜ 315°（正北方向为 0°，顺时针递增计数）所占的百分比

（4）经济社会要素。人口、经济、社会快速发展以及政策的改变对土地利用类型空

间格局的分布和演变有重要的影响作用，特别是改革开放之后，相关因素对土地利用变化的贡献更大。其中，人口因素一般比较有活力，而经济因素通常由产业去影响土地利用类型的空间分布，社会和政策因素则有强制性的特点，有时起决定性的作用。由于此类因素人为性的特点，有关数据一般都以行政区域为单元进行统计。社会经济方面的变量非常多，但一般都以行政区域为统计单元的统计数据。

通过空间连接、属性编辑，把数据整理导入矢量格式中的属性表进行分析，见表2-6。广州市共有170个街道镇单位，但是其中有珠江管理委员会4个，分别为黄埔珠江、越秀珠江、荔湾珠江和天河珠江，林场2个，分别为流溪河林场和大岭山林场，1个水库管理处，即黄龙带水库管理处。这7个街道镇级单位没有经济社会统计数据，因此，为消除这些因素的影响，在影响因素数据收集时，这7个行政区获取距离最近的有资料的行政单元的数据。

表 2-6　经济社会要素因子

代码	名称	单位	含义
X16	人均耕地面积	m^2/人	耕地面积 / 户籍人口数
X17	人均建设用地面积	m^2/人	建设用地面积 / 户籍人口数
X18	地均 GDP	万元 /km^2	地区生产总值 / 行政土地面积
X19	单位建设用地工业总产值	万元 /km^2	工业总产值 / 建设用地面积
X20	单位农业用地农业总产值	万元 /km^2	农业总产值 / 农业用地面积
X21	第二、第三产业比重	%	第二、第三产业产值 / 地区生产总值
X22	人均 GDP	万元 / 人	地区生产总值 / 户籍人口数
X23	地均固定资产投资额	万元 /km^2	固定资产投资额 / 行政土地面积
X24	人口密度	人 /km^2	户籍人口数 / 行政土地面积
X25	城镇化水平	%	非农业人口数 / 总人口数
X26	城镇居民人均可支配收入	元 / 人	城镇居民自有支配收入
X27	农民人均纯收入	元 / 人	农民人均纯收入
X28	人均绿地面积	m^2/人	人公共绿地面积 / 城镇人口数

人均耕地面积即地区耕地总面积与户籍人口总数之比，反映地区人均耕地资源量的多少；人均建设用地面积为区域建设用地面积与户籍人口总数之比，表征区域人均建设用地资源量的多少，与人均耕地面积相同，均通过人口数量影响土地利用的空间分布；地区生产总值是区域经济发展的重要指标，地均 GDP 反映了地区生产总值与区域面积的比值，表征地区的经济密度特征，单位土地的经济产出也是对土地利用空间分布影响的一个重要方面；单位建设用地工业总产值以萝岗区和黄浦区最高，单位农业用地农业总产值则是白云区和花都区交界区域、荔湾区及海珠区部分区域、番禺西南部地区较高，这两个指标从不同土地利用类型的经济产出影响土地类型的空间分布，如果产值高，维持土地利用类型现状的可能性大，反之，土地利用类型则倾向于向产值高的类型转变；第二、第三产业产

值占国内生产总值的比重反映了区域的产业结构水平，同时，第二、第三产业比重高一般会对建设用地等类型的空间分布有促进作用；人均GDP为年度地区生产总值与同期人口数量之比，主要衡量地区经济发展的产出效益的重要指标，从人口和GDP两个方面对土地利用类型的空间分布有影响；广州市中心城区及周边近郊区仅占全市约20%土地面积，地均固定资产投资却拥有全市一半以上，使整体土地投入水平远超全市平均值，与建设用地等类型的空间分布有很强的相关性。

广州市人口密度呈明显的圈层分布，以中心城区的越秀、天河、荔湾、海珠区等为高密度中心向四周逐层递减，人口密度与土地利用类型的空间相关性同地均固定资产投资相似；全市城镇化水平与人口密度呈现类似空间分布趋势，由中心向四周辐射递减，南部的番禺区受近年"南拓"政策的影响，非农业人口比重不断上升，城镇化水平较北部的花都区、增城区和从化区等地区略高，同样对土地利用类型空间分布有影响；城镇居民人均可支配收入和农民人均纯收入对土地利用类型空间分布的影响与土地产值相似，从土地效益去影响土地利用类型的空间分布；人均绿地面积通过人口对土地利用类型空间分布产生影响。

3. 逐步回归分析

完成各网格数据获取之后，把所有数据聚合在一起，利用ArcGIS的空间连接功能，把每个公里网格空间对应的土地利用数据和影响因素数据收集到相应的属性表中，由此得到回归分析的原始数据。回归分析通过SPSS软件实现，采用逐步回归分析确定了对土地利用空间分布贡献比较显著的自然地理与社会经济要素因子（采用0.05的显著性水平作为选择标准），最终建立多元线性回归模型，公式如下：

$$Y_{a,b} = \beta + \beta_1 X_1 + \beta_2 X_2 + \cdots + \beta_n X_n \tag{2-7}$$

式中　　$Y_{a,b}$——土地利用方式a在b粒度下所占的百分比；

　　　　β——常数；

　　　　β_n——影响因子的标准回归系数；

　　　　X_n——影响因子。

采用逐步回归分析方法确定对土地利用类型空间分布较为显著的要素因子，显著性水平设置为0.05，作为因子进入方程的标准，由此建立起多元线性回归方程。

（三）土地利用空间分布影响因素粒度效应分析

1. 不同土地利用类型粒度差异分析

（1）耕地。影响广州市耕地空间分布的主要因子，其贡献程度均在方程中列前七位，由此可以看出，主要的影响因子会随着不同粒度发生变化。

坡度对耕地分布的影响最大，因子贡献程度排序第一的均为坡度相关因子，不同的坡度因子随粒度的增大其贡献程度也有变化，见表2-7。

表2-7　耕地空间分布不同粒度因子贡献程度代码排序

粒度	1	2	3	4	5	6	7
1km	X7	−X12	−X10	−X21	X16	−X25	−X17
2km	X7	−X12	X8	−X25	X16	−X17	X23
3km	X7	−X12	−X10	−X25	X16	X17	−X6
4km	X7	−X12	X8	X28	X16	−X17	−X24
5km	−X9	−X10	X16	−X17	−X3	−X24	−X1
6km	−X10	X7	X16	−X17	−X24		
7km	−X9	−X10	X16	−X17	−X3	−X24	−X1
8km	X7	X16	−X17	−X6	−X24	−X27	−X1
9km	−X9	−X10	X16	−X17	−X24	−X26	
10km	−X10	X7	X16	−X23	−X17	X19	−X26

注：①代码名称参见表2-3至表2-6；②空白处表示进入模型的因子不足7个；③"−"表示因子影响作用为负。

坡度A级（坡度＜5°）在1～4km粒度对耕地的分布贡献率均为最大，随着粒度增大，坡度A级对耕地分布的影响减弱，但是在部分粒度水平上仍然较强，其在6km、8km、10km粒度均排序第二，并且模型中坡度A级的系数均为正，说明该因子对耕地分布都是正作用。坡度B级（5°≤坡度＜15°）在2km、4km粒度排序第三，但是在其他粒度均未进入前七位，说明该因子相对坡度A级的影响小，且随着粒度增大，影响快速变小，不过对耕地分布的影响仍然是正作用。坡度C级（15°≤坡度＜25°）和坡度D级（坡度≥25°）随着粒度增大，其影响作用增强，在1km、3km时排序第三，但是在5～7km和9～10km二者全部或其中之一均列前二，这两个因子对耕地分布的影响均为负作用。

坡向F平坡在1～4km粒度时对耕地分布的影响较大，均排序第二，粒度增大后，平坡对耕地的影响迅速降低，均未进入前七位，坡向F平坡在不同粒度模型中系数均为负，对耕地的分布都是反作用，即平坡面积越大，耕地面积反而越少。这是因为广州市土地资源紧张，平坡更易被改造为建设用地，所以出现这种情况。其他坡向因子，如坡向N北坡、坡向S南坡、坡向E东坡、坡向W西坡，对耕地分布的影响有限，均未进入前七位，且在部分粒度模型建立时，经过检验并不显著，未能进入方程。高程因子对耕地分布的影响只在3km和8km粒度时贡献较大，而在其他粒度均未进入前七位。到高速公路距离也只出现在5km、7km、8km粒度上，在其他粒度影响不大。

人均耕地面积对耕地分布的影响在1～4km粒度时排序第五，而随着粒度增大其排序提升，说明该因子对耕地分布的影响随着粒度增大而增强。人均建设用地对耕地分布的影响则紧随其后，其变化规律与人均耕地因子相似，二者的唯一区别在于人均耕地面积对耕地分布是正作用，人均建设用地对耕地分布是反作用。

第二、第三产业比重和城镇化水平也只出现在 1 ~ 3km 粒度上，随着粒度增加其影响减弱，对耕地分布的影响均为负作用。地均固定资产投资贡献较大出现在 1km 和 10km 两极，而在中间粒度对耕地分布的影响较小，影响作用为负。人口密度对耕地分布的影响随着粒度的增大而提升，其作用为负。城镇居民和农村居民收入对耕地分布的影响随着粒度变化的趋势同人口密度相似，且对耕地分布的影响起负作用。

（2）园地。同耕地相似，坡度对园地分布的影响也是最大的，坡度相关因子的贡献排序前列，不同的坡度因子随粒度的增大其贡献程度也有变化，见表 2-8。

表 2-8　园地空间分布不同粒度因子贡献程度代码排序

粒度	1	2	3	4	5	6	7
1km	X8	X7	−X11	−X12	X13	X21	−X25
2km	X8	−X9	−X11	X13	X21	−X25	−X6
3km	X8	−X11	−X9	X13	X21	−X25	−X6
4km	X8	−X11	−X12	−X14	X7	X16	−X27
5km	X8	−X11	−X12	X13	X7	X21	X16
6km	−X11	X8	−X10	X21	−X27	−X1	−X26
7km	−X11	−X12	X8	X7	X28	−X27	−X1
8km	−X11	−X12	X8	X21	−X6	−X2	−X1
9km	X8	−X11	X13	−X1	−X4	X5	−X22
10km	X8	−X11	X28	−X27	−X1	−X4	X5

注：①代码名称参见表 2-3 至 2-6；②空白处表示进入模型的因子不足 7 个；③"−"表示因子影响作用为负。

坡度 B 级（5° ≤坡度＜ 15°）在 1 ~ 5km 粒度对园地的分布贡献率均为最大，随着粒度增大，坡度 B 级对园地分布的影响有所减弱，但是在 9 ~ 10km 粒度上又恢复到排序第一，并且该因子对园地的分布都是正作用。坡度 A 级（坡度＜ 5°）对园地分布的贡献则没有像耕地那样大，进入前七位排序的只出现在 1km、4km、5km、7km 粒度上。坡度 C 级（15° ≤坡度＜ 25°）和坡度 D 级（坡度≥ 25°）对园地的分布仍有影响，相对耕地来说贡献没有那么大。这两个因子只在 2km、3km、6km 粒度上出现，排序靠前，对园地分布的作用与耕地相同均为负作用，即此因子面积越大，园地面积越小。

坡向对园地分布的影响显著大于对耕地的影响。从表 2-8 中可以看出，各粒度排序前五位的均有坡向相关因子出现，在 1 ~ 5km 粒度时，坡向因子均为 2 ~ 3 个，粒度增大，坡向的影响随之降低。具体来说，坡向 E 东坡随着粒度增大，对园地分布的影响先增强后减弱然后再增强，坡向 F 平坡与坡向 E 东坡规律相似。坡向 N 北坡则只在粒度较小时影响较大，粒度增大，对园地分布的作用减小。坡向南坡只出现在 4km 粒度上，而坡向 W 西坡对园地分布的影响很小，部分未进入方程。坡向 E 东坡、坡向 F 平坡和坡向 S 南坡对园地的分布均为负作用，而坡向 N 北坡为正作用。

高程对园地分布的影响与耕地相似，零星出现在 2km、3km、8km 粒度上，对园地的分布有负作用。到高速公路距离因子进入前七位排序的均出现在大于等于 6km 的粒度水平上，由系数取值为负可知，距离高速公路越远，园地面积则越大。到区中心的距离和到市中心的距离在 9km、10km 粒度进入前七位，但前者对园地分布的影响为正作用，后者对园地分布的影响为负作用。距离相关因子对园地分布的影响随着粒度增大其作用是逐渐增强的。

第二、第三产业比重对园地分布的贡献作用随着粒度增加波动较大，一般稳定在 4 ~ 6 位的次序上，且其中部分粒度并没有进入影响最大因子前七位，该因子对园地分布的影响是正作用。城镇化水平对园地分布的影响有负作用，只在 1 ~ 3km 粒度可以进入前七位，而随着粒度增大，城镇化水平对园地分布的影响减弱。

2. 不同粒度模型效果比较分析

随着粒度从 1km 增大到 10km，各土地利用类型模型的解释能力呈现不同的变化状态，如图 2-26 所示。基本上可分为以下类型：

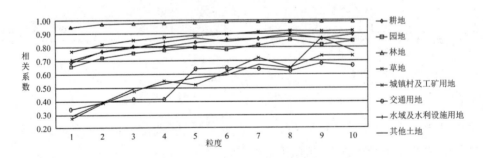

图 2-26　模型相关系数随空间粒度变化图

（1）一类模型包括交通运输用地、其他土地和草地。交通运输用地的相关系数极值之差为 0.3401，在粒度增加过程中，4 ~ 5km 增加且幅度最大，为 0.2232，其间也有降低是出现在 7 ~ 8km 和 9 ~ 10km 的区间上。其他土地的相关系数极值之差为 0.5761，相关系数降低区间与交通运输用地相同；草地的相关系数从 0.2713 上升到 0.7347，增幅为 0.4643，草地则在 4 ~ 5km 和 7 ~ 8km 区间时相关系数是降低的。综合上述特点，随着空间粒度的增大，此类模型的相关系数提升幅度较大，但是并非呈现出持续不断升高的趋势，在这个过程中有波动，相比其余两类模型，波动幅度较大。

（2）二类模型包括城镇村及工矿用地、水域及水利设施用地、耕地和园地。城镇村及工矿用地的相关系数仅在 8 ~ 9km 粒度变化时略微降低，总体呈现稳定且持续地增大，增幅为 0.1560；水域及水利设施用地的相关系数最大值出现在 8km 粒度，最大值与最小值相差 0.1755，下降趋势出现在 5 ~ 6km 和 8 ~ 10km 粒度区间；耕地的相关系数变化趋势与城镇村及工矿用地相同，唯一区别在于耕地的相关系数最大值出现在 8km 粒度上，为 0.8928，最大值与最小值相差 0.2066；园地相关系数的变化与水域及水利设施用地相似，最大值同样出现在 8km 粒度上，其变化趋势的唯一区别在于粒度从 9km 增大到 10km 时，园地相关系数降低，而水域及水利设施用地是升高的。二类模型随着粒度增大，相关系数也是升高，不过幅度较小，其间也有波动，但是波动不大。

（3）三类模型只有林地。粒度对林地的相关系数影响最小，且相关系数均在 0.9500 之上，模型模拟能力较强，变化趋势仍然呈现随粒度增大而升高，最大值出现在 9km 粒度，极值之差为 0.0399。特点是相关系数较大，随粒度变化小，且粒度对相关系数的影响小。

总体而言，在 1km 粒度上，模型的解释能力普遍较差，交通用地、其他土地和草地相关系数均在 0.3500 以下，草地的相关系数只有 0.2713，而其余五类土地利用类型的相关系数都超过了 0.6500。粒度从 1km 增加到 4km 的区间范围内，所有土地利用类型的相关系数都是增加的，波动均出现在大于 4km 粒度后，部分土地利用类型的相关系数波动较大，大部分土地利用类型模型的相关系数在 8 ~ 10km 粒度区间达到最大。模型的相关系数值总体上呈现随着粒度增大而升高，但是在粒度较大时，发生忽高忽低的不稳定现象。林地回归模型拟合效果最好，其次为城镇村及工矿用地、水域及水利设施用地、耕地和园地，交通用地、其他土地和草地的回归模型拟合效果相对较差。随着粒度增大，模型解释能力普遍是增强的。

第三章　可持续发展理念下的土地利用规划

第一节　可持续土地利用与规划的体现

一、可持续发展的概念界定与内涵阐释

（一）可持续发展的概念界定

到目前为止，可持续发展作为一个理论体系正处于形成的过程中，对于可持续发展的概念或定义，全球范围还在进行广泛的讨论，众说纷纭，从不同角度对可持续发展进行阐述。其中，具有较大影响的、有代表性的可持续发展概念如下：

第一，侧重于自然属性的可持续发展的定义。可持续发展的概念源于生态学，即所谓生态持续性。它主要指自然资源及其开发利用程度上的平衡。可持续性地使用，是指在其可再生能力的范围内使用一种有机生态系统或其他可再生资源。此外，从自然属性方面定义的另一种代表是从生物权概念出发，即认为可持续发展是寻求一种最佳的生态系统以支持生态的完整性和人类愿望的实现，使人类的生存环境得以持续。

第二，侧重于经济属性的可持续发展的定义。这类定义均把可持续发展的核心看成是经济发展。这里的经济发展已不是传统意义上的以牺牲资源和环境为代价的经济增长，而是不降低环境质量和不破坏世界自然资源基础的经济发展。对于可持续发展的定义，主要包括：①在保护自然资源的质量和其所提供服务的前提下，使经济发展的正利益增加到最大限度；②为全世界而不是为少数人的特权所提供公平机会的经济增长，不进一步消耗自然资源的绝对量和涵容能力；③可持续发展是动态的人类经济系统与更为动态的，但在正常条件下却很缓慢的生态系统之间的一种关系。这种关系意味着，人类的生存能够无限期地持续，人类个体能够处于全盛状态，人类文化能够发展，但这种关系也意味着人类活动的影响保持在某些限度内，以免破坏生态学上的生存支持系统的多样性。

第三，侧重于科技属性的定义。这是从技术选择的角度扩展了可持续发展的定义。对于可持续发展的定义，主要包括：①可持续发展就是转向更清洁、更有效的技术，尽可能接近"零排放"或"密闭式"的工艺方法，尽可能减少能源和其他自然资源的消耗；②可

持续发展就是建立极少产生废料和污染物的工艺和技术系统。

可持续发展是从环境和自然资源角度提出的人类发展战略的模式，它强调发展遵循自然的规律，使经济建设、社会发展、自然资源、环境相协调。从这一意义上说，可持续发展概念从理论上结束了经济发展与环境、资源相互对立、矛盾的局面，树立起经济—自然—社会相互协调、相互促进、稳定有序的一个系统。

（二）可持续发展的内涵阐释

可持续发展包含了发展与可持续性两个概念，其中发展不单单是物质财富的增加，同时也包括人们福利和生活质量的提高；可持续性包括生态可持续、经济可持续和社会可持续，其中生态可持续是基础，经济可持续是条件，社会可持续是目的。具体而言，关于可持续发展的内涵，学术界有以下几个观点。

第一，可持续发展的核心思想是健康的经济发展应当建立在生态能力持续、社会公正和人们积极参与自身发展决策的基础上。可持续发展与环境保护相互联系，不可分割。

第二，从思想的内涵看，可持续发展包括三个方面的含义：①人与自然界的共同进化思想；②当代与后代兼顾的伦理思想；③效率与公平目标兼顾的思想。

第三，可持续发展的本质是运用资源保育原理，增强资源的再生能力，引导技术变革让可再生资源替代不可再生资源成为可能，制定行之有效的政策，限制不可再生资源的利用，使资源利用趋于合理化。

二、可持续发展的内容与原则

（一）可持续发展的主要内容

可持续发展是一个涉及经济、社会、文化、技术及自然环境的综合概念。它是立足于环境和自然资源角度提出的关于人类长期发展的战略和模式。它并不是一般意义上所指的在时间和空间上的延续，而是特别强调环境承载能力和资源的永续利用对发展进程的重要性和必要性。可持续发展不同于传统的经济增长，它是人类关于社会经济发展和人类生存的一切思维方式的变革。"可持续发展要求既保证当代人的需要，又不破坏后代人要继承的生存条件。"[1] 它的主要内容包括以下四个方面。

1. 可持续发展鼓励经济增长

可持续发展强调经济增长的必要性，可以通过经济增长提高当代人的福利水平，增强国家实力和社会财富。但可持续发展不仅重视经济增长的数量，更要求经济增长的质量。

---

[1] 李强. 可持续发展概念的演变及其内涵 [J]. 生态经济，2011（7）：87.

经济发展包括数量增长和质量提高两部分。数量的增长是有限的，而依靠科学技术进步，提高经济活动中的效益和质量，采取科学的经济增长方式才是可持续的。因此，可持续发展要求重新审视如何实现经济增长。达到具有可持续意义的经济增长，必须审视使用资源的方式，改变传统的以"高投入、高消耗、高污染"为特征的生产模式和消费模式，逐步向可持续发展模式过渡，实施清洁生产和文明消费，从而减少每单位经济活动造成的环境压力。环境、资源退化的原因产生于经济活动，其解决的根本也必须依靠经济过程的再造。

2. 可持续发展的标志是资源的永续利用和良好的生态环境

经济和社会的发展不能超越资源和环境的承载能力。可持续发展以自然资源为基础，同生态环境相协调。它要求在严格控制人口增长、提高人口素质和保护环境、资源永续利用的条件下，进行经济建设，保证以可持续的方式使用自然资源和环境成本，使人类的发展控制在地球的承载能力之内。可持续发展强调发展是有限制条件的，没有限制条件就没有可持续发展。实现可持续发展，必须是自然资源的耗竭速度与资源的再生发现速度相适应，必须通过转变发展模式，从根本上解决环境问题。

3. 可持续发展的目标是谋求社会的全面进步

发展不仅是经济问题，单纯追求产值的经济增长不能体现发展的内涵。可持续发展的观点认为，世界各国的发展阶段和发展目标可不同，但发展的本质应当包括改善人类生活质量，提高人类健康水平，创造一个保障人们平等、自由、安定和受教育、免受暴力的社会环境。换言之，在人类可持续发展系统中，经济发展是基础，自然生态保护是条件，社会进步才是目的。而这三者又是一个相互影响的综合体，只要社会在每一个时间段内都能保持与经济、资源和环境的协调，这个社会就符合可持续发展的要求。显然，在新世纪里，人类共同追求的目标，是以人为本的自然—经济—社会复合系统的持续、稳定、健康的发展。

4. 可持续发展承认自然环境的价值

自然资源的价值不仅体现在环境对经济系统的支撑和服务价值上，也体现在环境对生命支持系统的不可缺少的存在价值上。应把生产中环境资源的投入和服务计入成本，进入产品价格，逐步完善国民经济核算体系。这不仅是方法问题，也是人们思维方式的变革，从而引起资源配置、使用方式等的一系列调整。

（二）可持续发展的基本原则

可持续发展具有十分丰富的内涵。就其社会观而言，主张公平分配，既满足当代人又满足后代人的基本要求；就其经济观而言，主张建立在保护地球自然系统基础上的持续经济发展；就其自然观而言，主张人类与自然和谐共处。因此，可持续发展所体现的基本原则包括以下五项。

1. 发展的原则

发展是硬道理，没有当前的发展，未来的发展也就没有基础。人类的发展是历史积累的过程，但发展必须是持续的，既要考虑当前发展的需要，又要考虑未来发展的需要。考虑发展的后劲，不能以牺牲未来发展的能力为代价来换取一时的高速度；不能以牺牲后代人的利益为代价来满足当代人的发展。如果现在的发展破坏了人类生存的物质基础，发展就难以持续下去，也就违背了发展的根本宗旨，发展本身就失去了意义。

2. 公平性原则

所谓公平性是指机会选择的平等性。可持续发展所要求的公平性原则包含以下方面的含义。

（1）当代人的公平，即代内平等。当今世界仍有很多人口处于贫困状态。贫穷极大地阻碍着人类向可持续发展目标的迈进。因此，有必要赋予贫困人群以发展的权利与机会，从而有效消除贫穷，提高并满足其生活质量，实现可持续发展。

（2）代际公平和世代平等。自然资源是有限的，当代人不能仅为满足自己的发展愿望而牺牲人类赖以生存的生命支持系统，剥夺子孙后代公平享用资源的权利。正确的选择是赋予每代人都享有公平利用自然资源的权利。

（3）公平分配有限资源。目前富国利用自己的优势，取代了发展中国家利用地球资源的部分发展经济的权利。为了实现代际公平和代内公平，《里约热内卢环境与发展宣言》已将公平原则提升为国家间的主权原则。

3. 持续性原则

持续性原则的核心思想是指人类的经济建设和社会发展必须保持在资源和环境的承受能力之内。这意味着人类应当杜绝自己对环境的破坏和资源的浪费，补偿从生态系统索取的东西，使生态系统保持稳定性及良好的循环。只有在发展中维持人与自然、人与人之间的和谐，在发展中考虑到资源环境的承载力，人类才具有生存的物质基础。

4. 需求性原则

人类需求分为基本需求、环境需求、发展需求。所谓基本需求是指维持正常的人类活动所必需的基本物质和生活资料；环境需求是指人们在满足基本需求后，为使生活更加和谐所需求的条件；发展需求是指在基本需求得到满足后，为使生活向更高层次迈进所需求的条件。与传统发展模式不同，可持续发展坚持公平性原则和可持续性原则，重视资源环境的代际配置，强调应满足所有人的基本需求，为当代人和后代人改善生活质量提供机会。

5.共同性原则

生态系统与经济利益相互依存的现实对国家主权的传统形式提出了日益严峻的挑战。这种相互依存的关系在共同的生态系统和不属于任何国家管辖的全球性的公共区域内表现得尤为突出。为了共同的利益，只有对公共资源的协调、开发和管理进行国际合作和达成协议，可持续发展才能实现。因此，尽管世界各国在文化、历史、发展水平方面存在诸多差异，在可持续发展的具体目标、政策方面不可能绝对相同，但是可持续发展作为全球发展的总目标，所体现的公平性原则和持续性原则应共同遵循与承诺，通力合作，保护共同的家园。

三、基于可持续发展理念的土地利用规划

（一）可持续土地利用的内涵

我国当前的可持续土地利用可定义为：可持续土地利用是在保护耕地资源和生态系统完整的条件下，有效满足经济社会不断增长的土地需求，增进城乡平衡发展，实行代内、代际公平和区际公平，促进经济平稳发展、社会安定公正的土地利用结构、土地利用管理措施和土地制度的总称。

土地资源与其他资源相比，是最能体现并最需要坚持可持续发展战略的一种资源。可持续土地利用是由土地的特性所决定的，换言之，土地具有可持续利用的特性，人类应很好地利用土地的这一特性。人类的生产和消费活动只有适应这一特性，人类社会的可持续发展才有保障。具体地讲，可持续土地利用包括以下五个方面的内涵。

第一，在土地资源数量配置上与土地资源的总量稀缺性高度一致。土地具有稀缺性，土地的供给在一定时期内相对于需求是有限的，因而有限的资源必须分配到社会效益、生态效益和经济效益都较高的项目上，并有合理的组合比例关系。

第二，在土地资源的质量组合上与资源禀赋相适应。不同生产项目对土地资源的品质要求不同，而丰度高、品位高的土地资源极其有限，因而应把优质的土地资源安排到对资源品质要求最高的项目上。

第三，在土地资源的时间安排上与资源的时序性完全相当。土地资源虽然不可再生，但后备资源的开发可以弥补一定量的可利用土地资源，因而应考虑土地资源开发利用的延续性，避免资源集中过量消耗，导致资源断档。

第四，土地资源配置应当考虑各地区差异，反映各地区的特点，诱发地区发展活力。合理的土地利用需要建立有序的区域配置机制，需要建立区际间资源流动的规则。

第五，土地资源利用过程中生态环境可控制。从生态学意义上来说，可持续土地利用应考虑生态阈值限内的生产力，即不破坏生态系统的最大生产力，符合环境容量要求。也

就是保持特定地区的所有土地均处于可用状态，并长期保持其生产力和生态稳定性。

总之，可持续土地利用，要求土地资源配置在数量上具有均衡性，在质量上具有级差性，在时间上具有长期性，在空间上具有全局性，从而实现自然持续性、经济持续性和社会持续性的统一。

（二）可持续发展理念在土地利用规划中的体现

人类社会从传统的经济增长战略到可持续发展战略，需从发展目标、模式到途径的转变。如果说，经济、人口、资源、环境等内容的协调发展构成了可持续发展战略的目标体系，那么，管理、法制、科技、教育等方面的能力建设就构成了可持续发展战略的支撑体系。土地利用规划作为可持续发展的能力建设中的重要一环，应从以下两个方面体现可持续发展理念。

1. 转变以经济增长为核心的规划思路

以经济增长为核心的规划思路是：经济按以往的模式继续增长，并为污染控制提供日益增长的费用，即在采用污染控制措施的同时经济继续增长。该思路强调经济增长的重要性，认为经济迅速增长可以保证在环保方面的投资不断增加，把环境污染的影响保持在一个可接受的范围内。按这种传统的模式发展经济，虽然给环境增加了投资，但结果仍是环境的大破坏。不改变传统的发展模式及规划思路，人类将无法生存。因此，可持续发展理念下的土地利用规划应转变以经济增长为核心的规划思路，转向以经济、生态及社会协调发展、综合效益最大化为目标的规划思路。

2. 修正传统的资源配置理论

西方经济学对市场经济条件下资源配置效率问题进行了较系统的研究，形成了资源配置效率的"帕累托最优"[①]理论。这一理论在完全竞争的市场条件下对社会经济资源的配置应用是有效的，但不适应可持续发展观下的合理配置资源的要求。

（1）可持续发展要求市场经济条件下配置资源时必须达到必要的生态环境标准（物质型或价值型），从而使自然资源能够持续被利用，并消除自然资源利用中的外部性问题，这些要求和标准从纯经济角度看，都是非"帕累托最优"的。

（2）传统的"帕累托最优"理论着眼点为当代人内部不同当事人之间的资源和福利的有效配置问题，而可持续发展对资源的配置着眼点在于各类不可再生资源或可再生资源在当代人与后代人之间如何分配的问题。当代人资源配置的"帕累托最优"状态，可能是对后代人的经济福利和生态环境福利带来严重损害的状态。

---

① 帕累托最优，也称为帕累托效率，是指资源分配的一种理想状态，假定固有的一群人和可分配的资源，从一种分配状态到另一种状态的变化中，在没有使任何人境况变坏的前提下，使得至少一个人变得更好，这就是帕累托改进或帕累托最优化。

可见，土地可持续利用只是一种理念形态，要使其成为土地利用系统的实体状态，还需要使土地可持续利用目标能够融入土地利用规划之中，借助于改变和扩充一般土地利用规划的方式、内容和基本工作程式来实现。

（三）可持续土地利用规划的主要内容

1. 人地和谐——土地利用模式

我国人口众多，随着国民经济的发展和人口的持续增长，土地的供需矛盾日益尖锐，人地关系越发紧张。环境保护与人类生存和发展有着密切关系，是经济、社会发展及稳定的基础，又是重要的制约因素。只有对环境中的自然资源合理地开发，才能使人类与环境和谐相处，才能真正实现"可持续发展"，以此来保持人地的和谐相处。

协调用地矛盾，保障人民生活和国家建设的需要，保护生态环境，使国民经济、社会发展、环境变化向着健康、有序、稳定的持续状态发展，这是土地利用的最终目标，也是制定土地利用战略的出发点和落脚点。

构建人地和谐的土地利用模式，既要有战略的部署，也要有土地利用格局的落实。土地利用格局是为实现土地利用总目标，在空间上对土地利用所做的总体部署。从土地利用战略的角度出发，这种格局属于宏观布局，对于我国五级土地利用总体规划来说，就是通过五级规划，全面、有序、合理、科学地完成一定的规划任务，承担部分土地利用责任，逐步达到人地和谐的土地利用局面，促进经济社会生态持续协调发展。

2. 节约集约——紧缩型的建设用地利用思路

可持续发展的土地利用规划要求建设用地紧缩，而紧缩型的建设用地利用思路必须坚定不移地执行土地节约集约利用。坚持节约集约用地，合理配置和利用土地资源，是正确处理好严格土地管理与促进经济社会发展关系的根本出路。

3. 统筹发展——城乡统筹和区域统筹

（1）城乡统筹。由于我国社会经济"城乡二元结构"的不平衡性，城市化水平严重滞后于工业化水平，从而制约着社会经济的快速持续健康发展，妨碍着全国"三农"问题的彻底解决，阻碍着全面小康社会的建设进程。可持续发展也是一种均衡的发展，要实现可持续发展，要达到城乡经济平衡发展，就要改变长期形成的城乡二元经济结构，实现城乡在政策上的平等、产业发展上的互补、国民待遇上的一致，让农民享受到与城镇居民同样的文明和实惠，使整个城乡经济社会全面、协调、可持续发展。

（2）区域统筹。不同区域的区位条件、功能定位、发展战略不同，但土地资源对任何区域来说都十分重要，要与区域发展定位相匹配，制定区域土地利用规划的目标和方案。

同时，政府对土地利用的干预和调控是通过各级土地利用总体规划系列来实现的。因此，要加强引导县、乡两级土地利用规划的编制，并明确各级规划的目标与任务的重点和职责分工。

第二节　土地利用规划的工作重点——生态管护

一、土地生态管护与可持续发展

（一）生态管护的原则、要求及实践途径

1. 生态管护的原则

生态管护原则是生态学应用于各个学科后所提出的一种应用原则。在土地利用规划中生态管护原则是指：在保持区域基本的生态过程和生命维持系统、保存和优化生物多样性的自然生态景观资源（包括原始历史文化遗迹、自然保留地、森林、草原、荒野、河流、湖泊以及具有一定生态敏感度的自然斑块等）的基础上进行土地的开发和利用，从而最大限度地避免土地利用对区域生态环境造成的影响和破坏。可见，生态管护原则在时间和空间尺度上为人类活动方式和活动强度定义了一个生态范围，超过这个范围，便应优先考虑生态环境的保护。

2. 生态管护发展的现实要求

人类的生产、生活活动总是与自然息息相关，要实现土地的可持续利用，就必须考虑生态环境的承载能力，而生态管护原则与土地利用可持续发展的生态环境要求一致。

（1）内涵一致。生态管护原则符合土地利用可持续发展的内涵，二者的科学实质相同。生态管护原则的内涵就是对生态系统的结构、功能、过程的维护，是人类与自然环境健康和谐发展的前提与基础，从而使人类社会与生态环境得以良性循环。土地利用可持续发展的实质是满足经济、社会与生态的协调发展以及实现代内、代际和区际间的土地利用公平，以便有效满足经济社会发展对土地的需求，最终促进经济的和谐发展、社会的公平安定和生态系统的稳定。生态管护的土地利用规划的实质就是充分发挥区域自然—经济—社会复合生态系统的最佳综合效益。

（2）目的一致。可持续发展，从生态学角度可以理解为寻找一种最佳土地利用空间形态和生态系统，以支持人类愿望的实现和生态的完整性，使环境持续性达到最大。因此，可将生态管护方法视为实现土地可持续发展的有效途径，用生态理念指导土地利用规划，

即通过生态学、景观学等相关理论指引区域有序、健康发展，避免由于追求短期效益而对生态系统造成不可恢复的破坏。

3. 生态管护的实践途径

生态管护的主张，是基于生态环境与资源系统是经济发展和人类生存的必要支持系统而提出的，其主张经济过程与自然过程的协调发展，强调生态环境建设与资源合理利用在经济、社会发展中的优先地位，从而引导、约束社会经济活动，寻求可持续发展的逻辑起点。生态管护不仅是一种主张，而且是需要付诸实施的行动准则。实行生态管护，其途径主要有以下三个方面。

（1）建立生态环境预警系统。在现代工业化社会中，科技进步使环境的改变异常迅速，生态系统经常处于紧张的压力和变化之中。要实行生态管护，有必要对生态环境系统进行动态监管，建立生态环境预警系统，准确预测其可能的变化趋势。

生态环境预警系统，是以生态系统和资源环境的组成要素为预警对象，通过制定相应的预警指标和确定产生警情的依据，在严格监测和科学分析的基础上，提出警报程度，向政府、企业和公众报告，并提出相应的对策建议。在预警系统的指示下，有关部门和单位可快速、准确地进行科学的决策，采取必要的经济、行政、法律手段，避免或减轻人类活动对生态环境的破坏和压力。从现阶段来看，应把森林动态、土地沙漠化与水土流失、土地使用、城市环境、水环境、大气质量、珍稀动植物、资源消耗及其结构、人口增长动态列为预警对象，分区域类型制定相关指标，为生态环境的有效管理提供可靠依据。

（2）合理利用市场机制与政府职能。导致环境问题或生态危机的根源，既有来自市场失灵方面的问题，又有来自政策管理调控不力方面的问题。因此，解决生态环境问题，实行生态管护，既要重视政策的干预，又要重视市场机制的作用。

第一，市场调节。市场经济之所以有活力，就在于市场经济的制度安排高效地解决了任何经济运行的经济计算和经济激励问题。通过经济激励和产权明晰，把生态管护纳入企业的经营活动中来，是市场机制作用的起点。具体措施包括：①合理利用市场的价格、供求、竞争机制，把环境成本引入决策过程，引导资源配置，提高资源利用效率；②建立明晰的环境、资源产权制度，对于公共环境的产权，建立委托—代理关系，通过产权保障实现稀缺资源的利用和再生的统筹安排，制止滥用资源；③在资源保护、环境管理上防止"搭便车"，使个人收益最大化的同时，也使社会收益最大化。

第二，政府政策管理。自由的市场机制往往容易导致外部性的产生和发展，因此，政府的宏观调控具有重要的作用。各级政府应当通过制定各种经济政策，完善立法，加强生态环境的行政管理来协调经济与生态环境的关系，推动生态管护原则下的经济可持续发展，运用经济手段来达到保护环境的目的。

（3）开展全民环境教育，增强生态管护意识。人们生态意识的觉醒，对于实施生态管护的主张具有十分重要的意义。因此，要把环境教育纳入全民教育体系中来。充分利用各种宣传媒体使人们认识到保护环境的重要性和意义，树立正确的环境荣辱观、发展观、消费观。通过环境教育，使人们懂得人类只有在生态平衡的自然中，才能创造人类物质文明。

（二）生态管护在土地利用规划中的作用

1. 对自然生态环境的保护和修复

（1）生态管护要求对区域的自然环境进行保护。主要措施包括：①在规划设计中应当明确保护的范围和等级，重点是结构性的生态保护区、廊道、斑块；②严禁随意砍伐，对城区具有生态屏障作用的林地，加强保护和管理，防止生态破坏，严格监管；③加强对河流，水库周边的生态敏感地区的保护；④实施对重点资源开发区生态环境的强制性保护，加强对水、土、生物、森林、矿产等自然资源开发的环境监管；⑤加强生态农业建设。

（2）对生态环境受到破坏的区域进行保护性修复，以维持正常的自然演进过程，保持生态平衡。大力开展植树造林，扩大绿化植被面积，提高绿化覆盖率，加强水土流失治理；对水域周边地区加强生态修复；对动植物生活环境遭受破坏的地带实施抢救性修复。

2. 对自然生态环境的合理改造和利用

自然生态环境是最好的景观资源，生态管护要求充分考虑自然的各类景观要素，将人为景观和自然景观有机结合起来，从而创造丰富的城市景观风貌。规划设计中应当提出对各类自然景观要素的合理利用方案，并对生态景观特征不够明显的区域进行合理改造，达到环境的最优化、资源效益的最大化。例如：强化山体特征和植被质量，形成城市开放空间；将沟谷、洼地改造为生态效益更好的湖面；加强对滨水空间的合理利用；生态保护区可作为生态公园等城市旅游休闲空间。

3. 对土地利用的监控和引导

生态管护要求土地利用的规划建设要在保持良好区域环境基础上进行。主要措施包括：①合理设计区域道路结构；②加强区域的社区环境建设；③加强区域环境基础设施建设，综合治理工业、生活、交通污染，实行污染集中控制；④合理引导和规划区域的产业发展；⑤重点保护好生态保护廊道、斑块以及饮用水源地、河流水库、风景旅游区等；⑥加强对生活污水、垃圾处理的新技术利用，大力推进固体废物综合利用和无害化处理；⑦强化城镇噪声控制区、烟尘控制区、绿化覆盖区的建设，加大环境保护执法力度，完善环境保护设施建设。

4. 完善土地生态评价体系

现有的土地评价指标体系具有不全面、不明确、缺乏生态因素的缺点，因此，应根据土地生态学的基本理论和相关原则，综合土地的生物生产能力与空间容纳资源，制定新的土地评价及利用标准。评价指标可从自然生态和社会两方面入手，包括自然生态功能指标、社会经济性功能指标、土地建设经济性指标、文化资源指标。其中，土地自然生态功能评价指标包括土地的自然生产效率、生物物种的数量和分布、自然生境类型、生境的生态敏感度等。对尚未进行建设活动的原生土地和耕地还应该增加对土地生态潜能的分析，这一系列指标将决定土地能不能被用于建设用地。

5. 加强生态功能区划

土地利用生态区划是从生态环境的角度，揭示土地利用的区域分异特征和规律以及区域土地的生态特点和问题，以便因地制宜地进行生态治理和生态建设。生态规划的目的是为不同土地利用区域社会经济发展、产业结构的合理布局以及生态环境评价和综合整治提供科学基础，为区域资源的合理开发利用、生物多样性保护和自然灾害的防治提供重要的理论依据，从而为社会经济的可持续发展服务。

（三）土地利用生态管护与可持续发展的关系

土地利用生态管护原则与可持续发展两者相辅相成，在某种意义上是相一致的。两者都是在人类面临人口、经济、资源与环境矛盾日益突出的情况下提出的，都强调经济发展与人口、资源、环境之间的关系，解决的核心问题也都是资源与人口、经济、环境之间的关系问题。具体来说，二者的关系如下：

第一，可持续发展是生态管护原则提出的前提。生态管护的概念是建立在可持续发展理论的基础之上的。生态管护原则反映的是目前人类对资源、环境与生态系统认识的提高，是在可持续发展的基础上提出的一种应用原则。

第二，生态管护原则的提出对实施可持续发展理念提供了可行的途径。可持续发展的关键就是如何正确使用自然资源，使自然资源在合理利用的同时，又不伤害自身的发展。生态管护原则的提出，为协调经济、社会、环境之间的关系提供了解决方案。所以，在土地开发和区域发展过程中，只有坚持生态管护原则才能保证可持续发展的实现。

总之，坚持生态管护原则就是坚持可持续发展的理念。可持续发展是一种科学的发展观，强调发展的可持续性、协调性、公平性，强调发展离不开资源与环境的束缚，是区域发展中必须遵循的基本原则；而生态管护原则是把生态保护提高到了重要的位置，强调在区域规划和发展的过程中，考虑区域自然资源和生态环境的承受能力，在合理利用和保护自然资源和生态环境的基础之上，合理规划区域的开发与发展，是对可持续发展理念的一种具体应用。

二、生态管护在土地利用规划中的工作方法

（一）生态敏感度分析以及生态敏感区保护

生态敏感度分析是指通过生态调查和生态评价，根据不同生态因子对于整个生态系统的作用和敏感程度，确定不同生态因子的权数，加权得出不同区域的权重，划分不同区域的生态敏感等级，通常生态较为敏感的区域为生态因子较为集中的区域。

生态敏感区是自然界最薄弱的地带，也是自然灾害经常发生的地方。因此对土地进行生态保护首先就要对生态敏感区进行保护。近年来许多自然灾害是由于人类对自然敏感区土地不恰当利用而造成的后果。洪水、飓风等自然灾害是自然发生的，它们本身并不具有很大的危害性，只有当我们在它们的通道上建设构筑物和居住场所的时候，它们才会变成"危害"。

生态管护要求土地利用规划能够从自然的角度来理解其所承受的自然压力和危害，并以生态的方式来调整土地利用与自然的关系。这就要求在土地利用规划中，尽量避免把城市建设在洪泛平原、陡坡、潜在的山体流失地区及被强侵蚀的海岸地带。同时洪泛平原作为自然的一部分，应该发挥其自然行洪空间的功能，这就要求我们合理规划洪泛平原，恢复其自然演进的过程。

（二）对区域规模和增长容量的控制

区域发展对自然生态造成破坏的重要原因是区域中城市无休止的蔓延，这种蔓延不仅侵占了大量的自然土地，割裂了土地自然系统的整体性，同时也减少了城市未来发展的机会。在城市生态学中，一个生态性的城市应该是一个能最大限度地利用城市的空间资源、较少消耗自然土地的场所。因此，为控制城市无止境的蔓延，区域必须采取有效的办法来管理未来的发展用地，并确保它在既定的空间范围内满足需要，同时满足一定的交通及其他的城市设施要求。在区域规模和增长容量的控制中城市人口容量、土地承载力、土地利用的生态敏感性是主要因素。

1. 城市人口容量

城市人口容量，指一个城市，包括城市生态系统和城市社会经济系统能够支持多少人生存的潜力。影响、制约城市人口容量的因素很多，每一个因素对城市人口的支撑量都有自己的取值范围。根据不同的定义和研究目的，人口容量的研究方法也不尽相同。

2. 土地承载力

土地承载力是指在一定时期，一定空间区域，一定的社会、经济、生态环境条件下，土地资源所能承载的人类各种活动的规模和强度的限度，一般分为超负荷、满负荷、容量小、容量大四个等级。控制区域的合理规模和容量最具有约束性的因素就是土地承载力。

在土地承载力的概念中，体现着相互关联的多重规定。主要包括：①持续性，即保证土地承载力在时间上的持续和稳定；②稳定性，即维持生态系统或环境的稳定和持续，是保证土地承载力持续、稳定的基础和前提；③阈值性，即土地承载力是一个以生态系统稳定性为前提，或为环境稳定性限制的最大值；④动态性，即土地承载力可随技术、投入的变化而变化；⑤平衡性，即具有一定消费水平的人口或一定强度的人类活动规模要同土地资源的支持力即环境保持平衡，这是土地承载力质的规定，而与土地资源支持力或环境保持平衡的人口或人类活动规模，则是土地承载力量的展现。

3. 土地利用的生态敏感性

生态环境敏感性是指生态系统对各种环境变异和人类活动干扰的敏感程度，即生态系统在遇到干扰时，生态环境问题出现的概率大小。生态敏感性分为生态环境质量敏感性和生态环境功能敏感性两类。生态环境质量敏感区是指对人类活动反应强烈，容易发生恶化，扰动后不宜恢复的区域，该区域主要包括山体及边坡地区、水环境容量狭小地区和河湾冲沟地区；生态环境功能敏感区是指这一区域的环境质量的高低将对区域的自然—经济—社会复合生态系统产生重大影响的地区。

目前，关于区域生态敏感性分析的研究主要有以下两个框架。

（1）基于区域生态环境问题的形成机制而建立的研究框架。

第一，此方法是在明确区域主要生态环境问题的基础上，根据这些生态环境问题的形成机制，选取导致形成这些问题发生的生态环境因子作为评价指标，设定权重，分析某一具体生态环境问题的生态敏感性区域分异规律。

第二，对多种生态环境问题的敏感性进行综合分析，明确区域生态环境敏感性的分布特征，划定生态敏感区。

第三，根据各生态敏感区的具体特点设定空间管制的措施，避免因不当的人类活动引发生态环境破坏。

（2）基于区域内某些生态实体生态功能特殊意义与脆弱性而建立的框架。此方法认为，在任何一个具体的区域生态系统内总是存在对区域整体生态安全与系统稳定起关键作用的特殊生态要素与实体，它们的好坏决定了区域内生态环境质量的好坏。从空间布局来看，这些生态要素与实体一般分布在两种或两种以上不同生态系统的接合部，景观差异明显，类型冲突激烈，具有内在的脆弱性。因而，可根据不同的功能类型和性质差异将其划分为生态敏感区，对此进行保护。根据此框架，生态敏感性分析的过程实质就是对影响区域生态系统稳定的关键生态要素进行识别的过程，也是显化区域生态格局、优化区域生态功能分工的过程，与区域景观安全格局的识别具有内容上的重叠性。

（三）区域生态景观架构的建立与优化

生态景观架构是一个区域的三维网络生态景观系统，是运用生态学、景观学的方法，通过界定和改造某些区域，形成区域土地利用的生态景观背景和前提，强调对自然环境的优化和改造，即根据地貌和环境特征，在需要的情况下对某些区域的生态和景观特征进行强化，使之满足区域的生态环境改善需要。

架构由若干生态和景观性的区域结构性要素构成，山体、水面、沟谷以及植被良好的区域，以至农田都可能成为生态景观架构的组成要素。在规划工作之前，需要详细调查和研究区域的自然地理状况。前期调研工作的重点在于挖掘和发现那些有保护和利用价值的自然要素，在若干要素中选择结构性的有利于构成生态景观架构的部分，进行科学的组织和整理，使之形成一个系统的三维的网络架构。另外，区域内需要保护的历史文化的遗址也应当作为景观因素纳入架构的考虑范畴。

第三节　建设用地节约集约利用与可持续发展

"在当前土地供需矛盾仍然突出的背景下，节约集约用地是提高资源承载力的重要途径，重新审视建设用地节约集约的内涵和工作重点很有必要。"[①] 随着城市化、工业化进程的快速推进，节约集约利用建设用地是土地利用的必然趋势和土地利用规划的核心所在。建设用地节约集约利用是通过土地利用规划和城市总体规划科学地安排城市用地，建立合理的用地结构和空间布局，促进城市的社会、经济和生态环境得以协调发展。

一、建设用地节约集约利用的内涵及重要性

建设用地的节约集约利用是在特定的某一时间、某一区域内的一个动态的、相对的概念，它是指在当期条件下和满足城乡发展适度规模、使城乡土地获得最大规模效益和集聚效益的基础上，以城乡合理布局、优化土地结构和可持续发展为前提，通过改善经营管理理念、增加存量土地投入等途径来不断提高城乡建设用地的节约集约利用效率，实现建设用地的社会效益、经济效益和生态效益最大化。

---

① 胡业翠，郑新奇．生态文明理念下的建设用地节约集约利用［J］．中国土地，2019（6）：13.

（一）建设用地节约集约利用的内涵

所谓建设用地节约集约利用，是指在城市合理布局、优化用地结构的前提下，通过改善经营管理、增加存量土地投入等途径，以充分发挥土地利用潜力，不断提高土地的利用效率和经济效益。建设用地由于功能的多样性，土地利用价值或效果有很多方面不是经济指标所能衡量的，换言之，建筑用地集约度很难简单地采取经济投入产出指标对土地节约集约状况进行衡量或评价。因此，建设用地节约集约利用的内涵比农业土地集约利用的内涵丰富而复杂。

建设用地节约集约利用概括地讲就是如何更有效地利用土地，用最小的土地成本，最大化地满足社会经济发展和环境建设的需要。但土地节约集约利用不能只考虑经济层面上的最佳效益问题，也需兼顾生态和社会层面上。因此，建设用地节约集约利用就是指在土地上进行密集的投入，并获得较高的产出，使区域在更高层次上形成有序结构，且兼顾经济、社会和生态效益的最佳土地利用方式。

衡量建设用地节约集约利用水平不能只看土地产出的绝对水平，还要考虑区域的差异性，即该区域的经济发展水平。建设用地的产出水平，一方面，取决于土地的区位属性，表现为土地上开发建设的建筑物数量和市场价值；另一方面，取决于企业的产出效率及其盈利能力，表现为土地上经营的产值。我国地域辽阔，各区域的自然、社会、经济条件具有很大的差异，因此不能用一些类似指标去衡量建设用地集约利用状况。

不同功能和性质的区域，衡量的标准也存在着差别。同时，建设用地还是一个三维立体空间，聚集潜力着重横向总量扩张和内部总量效益均衡，水平结构潜力着重解决内部结构合理整合问题，空间潜力则着重解决立体空间维度的强度开发问题，还表现为土地利用总体规划、城市总体规划等的合理性和科学性。

另外，建设用地节约集约利用本身具有阶段性特点。伴随着工业化、城市化进程的加速，建设用地利用由最初的劳力资本集约型，过渡到资本技术集约型和更高层次的集约形式——生态型集约。在城市化初期，人口、产业为寻求集聚效益向市区集中，土地利用由粗放到集约化，这阶段的土地利用属于劳力资本型集约阶段。随着城市的不断集聚，土地资源供应短缺，地价上涨，建筑技术不断进步，单位建筑密度不断提高，建筑层数也不断增加，逐渐转向资本技术型。但是，城市过度集聚会导致"城市病"的出现，因此建设用地利用应表现为集聚后的分散，即人口与产业的不断分散，并随着工业化、城市化的不断深入，人们追求的不仅是经济的增长，而且是经济、社会、环境的综合发展，由此建设用地利用表现出更高层次的节约集约利用形式，即生态型集约。

借鉴农业用地集约利用的内涵并结合目前国内外学者对城镇土地利用研究的最新成果，可将建设用地节约集约利用的概念归纳为：以科学发展观为指导思想，以符合城市总体规划、土地利用总体规划及相关法规为原则，通过整合、置换、储备和增加投入，合理安排土地投入的节奏和数量，改善城镇土地结构和布局，不断提高土地的利用效率和经济效益，以挖掘土地利用潜力，节约土地资源的一种开发经营模式。

总之，建设用地节约集约利用的内涵可以从广义和狭义两个方面来理解和归纳：从广义上理解，建设用地节约集约利用就是指以合理布局、优化土地利用结构和可持续发展的思想为指导，通过增加存量土地投入、改善经营管理等途径，不断提高土地的利用效率和经济效益，实现更高的社会、经济、生态和环境效益；而从狭义上理解，建设用地节约集约利用就是指增加土地投入，以获得土地的最高报酬。建设用地节约集约利用是一个动态过程，随着经济社会的不断进步，人们改造自然和利用自然的能力不断提高，土地的承载能力也在不断提高，不同历史时期有不同的土地利用集约度。

建设用地节约集约化不能简单地理解为土地利用的高强度开发，而是使土地利用达到最有效的状态，即以可持续发展的思想为依据，在区域内通过土地利用结构与空间结构的高度有序化组织，以土地为载体的各种建筑物和城市基础设施相互之间以及与外部环境之间，无论从效益上、使用功能上、后续发展或形象景观上，都达到组织有序、结构严谨、相容性好、功能互补并能进行自我修复的状态，最终带来城市的高水平发展和土地的可持续发展，同时充分挖掘土地资源经济供给潜力，使建设用地投入产出比和土地利用效率达到最佳。

（二）建设用地节约集约利用在土地利用规划中的重要性

建设用地节约集约利用是解决我国土地资源稀缺、人地关系矛盾突出的必然选择；是推动我国城市化快速、良好发展和城市质量全面提高的重要途径；是改变我国土地利用粗放、浪费，加强土地管理的重大举措；是我国经济健康发展的客观要求，也是我国城市社会经济可持续发展的必然选择。

鉴于土地利用总体规划对于土地资源节约集约利用的基础作用，各地区应根据所在区域的土地资源禀赋、实际利用情况以及规划期间经济社会发展的趋势做出合理判断，以促进土地资源节约集约利用为主要目标，科学制定土地利用总体规划，这也是加强规划权威性的前提条件和实现土地资源节约集约利用的关键因素。土地利用总体规划编制的关键在于对规划期间各种土地使用需求的科学预测和判断，而以往相关规划执行效果不明显也在很大程度上与土地需求预测过大或过小有关，因而缺乏科学相关性。

鉴于上述情况，各地在编制土地规划时应基于当地土地资源节约集约利用水平综合评价结果，深入分析和研究各类、各业用地节约集约利用潜力和长期的变化趋势，从而科学地预测各类土地的合理需求。以城市建设为例，比较科学的土地利用总体规划应包含基本农田保护和引导城镇合理健康发展的内容：明确城镇发展界线，严格控制建设用地供给总量，遏制城镇规模的盲目扩张与占用耕地势头；但也要给城镇留有余地，满足其适度发展空间的需要，坚持把当前利益与长远目标相结合，既注重规划超前性，为城市发展留下合理空间，又注重对耕地特别是基本农田的保护。

在编制土地利用总体规划的过程中，应加强土地利用结构和布局的优化调整。由于土地资源稀缺而各产业又竞相用地，所以应该根据土地利用的生态经济适应性使之用得其所，提高有限土地的利用效率，发挥土地利用的最大综合效益；按照充分利用存量土地原则，根据各地特点和用地需求，统筹合理安排各类用地的存量和增量，促进用地结构和布局趋于优化。并且为了保障规划得以顺利实施，从根本上提高土地资源的节约集约利用水平，还应在编制规划的同时制定和完善一系列相应的政策及保护措施。

（三）建设用地节约集约利用与可持续发展的关系

可持续发展是土地节约集约利用的重要依据和指导思想，而土地节约集约利用是可持续发展的重要内容和必由之路。对土地资源的合理开发和利用，只有立足现实，着眼将来，才能做到对土地资源的合理利用，从而避免造成土地资源的过度浪费和破坏，实现经济、社会和生态环境的可持续发展。土地的节约集约利用不仅可以提高土地的利用效率，还可以减缓城市无序扩张的速度，从而节约宝贵的土地资源，有利于实现代际公平和可持续发展。

建设用地是我国土地资源的重要组成部分，我国人多地少，耕地资源后备不足。长期以来我国城市建设用地持续低效、粗放经营。在用地结构上，主要表现为各类土地利用布局不合理、产值效率低；在用地规模上，主要表现为扩张过快、总量失控。我国人地矛盾突出，且耕地不足和建设用地供给有限以及土地利用的不合理是现存的实际情况，这就决定了今后必须走节约集约利用土地资源的道路，并逐步实现土地利用方式由粗放型向集约型的转变，这也是我国转变经济增长方式的重要环节和必然要求。

土地节约集约利用是研究土地资源配置的合理性，其目的就是在不破坏土地生态环境平衡的基础上，挖潜存量土地，提高土地的相对供给能力，保持土地价值的自然利用性和耐久性，为区域经济的可持续发展和土地资源的可持续利用创造有利条件。提高土地利用节约集约度并不是土地合理有效利用的最终目的，而是通过土地合理的节约和集约利用促进产业结构的调整和优化升级，促进土地利用效率的提高，达到经济效益最佳，促进土地资源可持续利用，实现经济、社会和生态环境的可持续发展。

土地节约集约利用与可持续发展关系的实质就是要协调人口、资源、环境和发展之间的关系，为后代奠定一个能够持续、健康发展的基础。土地资源的稀缺性决定了人们只能改造土地而不能创造土地，因此，可持续发展理论是土地节约集约利用的指导思想。

近年来，随着城市化、工业化进程的快速推进，我国人口的增长、经济的发展，都需要储备大量的建设用地，各类建设用地需求的扩张给建设用地的供给带来巨大压力，如果仅仅依靠新增建设用地来发展城市建设已不太可能，必须提出一个合理的土地利用方式。在城市化进程的不断推进中，只有转变建设用地粗放、低效的经营模式，逐步向节约集约化利用的方式转变，才有可能实现区域以及整个国民经济的可持续发展。土地节约集约利用是缓解我国土地供需矛盾，保障新时期社会、经济和环境持续稳定发展的必然选择。

二、建设用地节约集约利用的基本原理与方法

建设用地节约集约利用的目的是使人类能够得到工作、生活和休憩的乐趣。合理的用地布局、优化的用地结构和宜人的居住环境，突出"以人为本"的理念，是一个地区吸引人们的最基本的要素，理应成为土地集约利用的前提。

（一）建设用地节约集约利用的形式、类型和特征

1.建设用地节约集约利用的形式

根据集约经济增长理论，劳动力集约度是指经济系统产出量的增长中，在劳动力数量不变的情况下由劳动生产率的提高带来的产出量的增加所占的比重，即其对总产值的贡献率；资金集约度是指经济系统产出量的增长中，在资金投入量不变的情况下由资金产出率提高带来的产出量的增加所占的比重，即其对总产值的贡献率；对应地，劳动力粗放度是指经济系统产出量的增长中，在劳动生产率不变的情况下由劳动力数量的增加带来的产出量的增加所占的比重，即其对总产值的贡献率；资金粗放度是指经济系统产出量的增长中，在资金产出率不变的情况下由资金投入量的增加带来的产出量的增加所占的比重，即其对总产值的贡献率。因此，土地集约度是指经济系统产出量的增长中，在土地投入量不变的情况下，由土地产出率的提高带来的产出量的增加所占的比重，即其对总产值的贡献率；对应地，土地粗放度是指经济系统产出量的增长中，在土地产出率不变的情况下，由土地数量增加带来的产出量增加所占的比重，即其对总产值的贡献率。这是一种理论度量，同时也表达了土地集约的类型。

根据集约的内涵和程度的不同，可以将建设用地节约集约利用划分为三种形式：①粗放利用，对土地资源低度投入或土地闲置、浪费；②过度利用，对土地资源过度投入，造成土地报酬率递减，或者土地利用存在外部不经济，导致土地利用综合效益下降；③节约集约利用，对土地利用程度适宜，既实现了规模效益，又达到结构和强度的合理性，且没有拥挤成本，实现城市土地经济效益的最大化，充分挖掘了土地利用潜力。

2.建设用地节约集约利用的类型

根据集约要素的特征，可将建设用地节约集约利用划分为四种类型：①劳动力资本型

集约，在城市发展的初始阶段，对土地的投入主要以劳动力和资本为主；②资本技术型集约，在城市发展水平较成熟阶段，对土地的投入主要表现在资本和技术的含量；③结构型集约，在城市化发展的后期阶段，城市土地利用结构通过不断调整、优化到逐渐合理化；④生态型集约，城市发展的最高阶段，城市用地结构、利用空间和利用强度合理配置，既实现了经济效益的最佳，同时又保护了生态效益。

3. 建设用地节约集约利用的特征

（1）建设用地节约集约利用需要完善的土地价格机制。由于缺乏土地的永久性产权的交易制度，节约集约利用土地难以给使用者带来更大的收益，且浪费土地也不会增加任何的成本，可见建设用地节约集约利用需要完善的土地价格机制，发挥土地价格在土地利用总体规划和土地资源配置中的基础作用。

在我国，政府是土地的唯一供给者，而且只卖使用权而不卖所有权，土地价格在国家与农民之间具有巨大的差别，这样的土地市场化不可能是一个真正意义上的市场化。由于在我国土地的基本生产要素还不具备市场化，导致主要社会资源和财富在不同利益主体之间的畸形分配。因此，解决我国土地利用问题的办法是使土地真正市场化，其首要前提是落实土地所有权。土地所有权明确了，才会有一个真正有效的土地市场和土地价格机制。只有这样，才能真正发挥地价、地租对土地利用的调节作用，通过土地市场评估，可以明确土地市场的发育程度，了解它的形态、结构和功能，进而制定出相应的政策和措施来规范土地市场的运作，提高土地利用效率。

（2）不同的空间层次，建设用地节约集约利用的目标不同。对于不同的空间层次，建设用地节约集约利用的目标是不尽相同的。基于整个区域空间尺度的宏观层次，重点强调区域综合效益及用地结构、功能的合理性，建设用地节约集约利用要追求多个目标：区域具有多种功能，包括社会功能、经济功能和环境功能，这些功能既相互促进，又相互制约。建设用地节约集约利用的目的主要是充分发挥土地在社会经济发展过程中的作用，促进社会经济的发展和进步，而社会的发展是一个社会、经济和环境相互协调发展的过程，所以在宏观层次上，节约集约利用土地的时候不可单方面追求经济上的投入产出比。

面向小区的中观层次和宗地的微观层次，则偏向于土地投入产出的效果。建设用地节约集约利用对土地的投入产出比要求有适度的范围，高建筑密度和高容积率并不能说明土地节约集约利用程度，而应充分考虑区域规划的布局，依照区域自然环境与社会经济发展条件，确定不同类型用地的土地节约集约利用方向和模式，充分、合理、节约集约利用土地。

（3）建设用地节约集约利用是一个动态的过程。建设用地节约集约利用是一个动态变化的过程，而不是一个静态的终极目标。随着城市化的快速发展，人们的生活方式、生产方式和居住方式等方面都发生了很大变化，所以为了促进土地节约集约利用而制定各项政策措施时，需具有前瞻性，充分认识未来土地的需求，做好信息的反馈，根据需要不时地改进策略和措施。同时，随着经济发展水平和科技的进步，土地利用的效率将会不断地得到提高，因此，土地节约集约利用可以看成是一个不断追求的长远目标。

（二）建设用地节约集约利用的影响因素及系统分析

1. 建设用地节约集约利用的影响因素

建设用地既是自然产物，也是人类长期劳动后的社会经济产物，影响建设用地节约集约利用的因素具有多样性和复杂性。由于区域的差异，土地利用受到各种因素的影响，产生不同的土地利用结构。这些影响因素主要如下：

（1）经济发展水平。社会经济发展变化迅速使区域聚集各种社会矛盾，其中土地的供需矛盾既是社会经济发展带来的结果，也是导致建设用地集约或粗放利用的原因。发展水平高的城市，土地市场竞争激烈，单位面积土地利用率高，投入产出大。而且随着人口的增加、经济的发展、人们购买力的上升，土地市场需求量扩大，可以降低土地和房产的闲置率，减少土地的损害和浪费，促进区域建筑容积率的提高和集约利用。随着人口的不断增加，经济的不断发展，人们对各类资源的需求量也越来越大，而土地作为一种不可再生的资源，它的稀缺性越来越为大家所认可。现在人们不但具有节约集约利用土地的意识，而且越来越有能力（包括资金、技术、制度等）节约集约利用土地。

经济发展水平的高低直接影响着土地节约集约利用的水平。经济发展水平较高的区域，以其优越的经济、社会和环境条件，吸引了大量投资，同时也有能力加大生态环境建设和保护，使土地资源的投入强度和产出率都比较高，土地节约集约利用程度明显较高。经济发展水平落后的区域，由于缺乏资金、技术的投入，单位土地产出率低，土地利用也会比较粗放。

（2）人地关系。工业化、城市化进程的快速推进，造成建成区不断向外扩张，同时也伴随着人口的聚集。城市人口密度和城市人口规模呈正相关性，越是人口密集的地区，越容易产生人口聚集现象，形成规模较大的城市。因此，人地关系是影响土地利用节约集约度的重要因素之一。一般来说，在人多地少、人地关系较为紧张的区域，由于土地的稀缺性较高，理性的投资者往往倾向于以更多的资本代替土地，从而导致较高的土地利用强度。

（3）自然条件。建设用地资源的开发利用与农用地不同，土地利用集约度的自然驱动因素主要表现在地基承载力的大小上，作为土地资源开发利用的基础条件，其差异大小从根本上影响建设用地的开发利用强度和深度，从而影响城市建设土地节约集约利用水平的高低。

（4）政策因素。建设用地节约集约利用所带来的效益往往具有全局性和长远性，而经营者常对短期利益和个人利益感兴趣，两者之间的矛盾通常需要政府制定政策来加以调节，对经营者的行为加以约束和引导，如土地利用总体规划、城市规划、土地用途管制等政策、制度。它们对建设用地的节约集约利用产生极为重要的作用。

随着我国人口的扩张、城市化水平的提高，越来越多的土地被开发、利用。为确保社会经济健康、持续、和谐发展，政府制定了大量的政策来鼓励和促进土地节约集约利用。在全面建设社会主义现代化国家、建设节约型社会与可持续发展社会的宏观背景下，我国在开发区建设、建设用地审批、农村改造、旧城改造等方面制定了一系列政策措施，在防止土地浪费、粗放利用，提高土地节约集约利用水平等方面起到了非常积极的作用。

2. 建设用地节约集约利用的系统分析

（1）建设用地节约集约利用系统分析的出发点。对于我国城市土地问题，虽然从不同的角度进行了多种研究和探讨，但其中存在的最大不足是就土地论土地。因此，城乡建设用地节约集约利用作为实现土地资源可持续利用的具体表现，就要以可持续发展思想为指导，综合考虑城乡土地利用的经济、社会和生态效益，实现城乡建设用地的合理开发和利用。具体可以从以下四个方面考虑：

第一，城乡建设用地是一个多目标、多层次的复杂系统，不同时期与不同社会经济条件下的目标是有区别的，系统也处于不断优化的过程，因此要以动态的观点来研究。

第二，城乡建设用地节约集约利用是一个人地相互作用的过程，因此，必须十分注重人的作用对土地利用系统行为的影响。人作为其中的一个重要因素，其数量和质量在很大程度上影响和决定着城乡建设用地利用的强度和深度，人类的需求在很大程度上影响着城乡建设用地的节约集约利用这个动态系统和可控系统的发展方向和目标，特别是人类在政策制定方面的影响要尤为注意。

第三，实现城乡建设用地空间结构的协调发展。根据城乡土地资源及社会经济发展情况，寻求在技术上可行、经济上合理、有利于资源环境协调发展的土地利用类型，提高城乡建设用地内部空间利用效率，加强城乡空间的立体开发，形成城乡土地利用的地上、地面、地下协调持续发展，尽量减少城乡建设用地的增量需求。

第四，兼顾多方面效益，创造良好的居住环境。通过对人类行为的优化控制，合理转变和调整土地的用途与利用方式，对土地资源进行合理配置，以确定最优的土地利用结构，获得最佳的利用效益，平衡土地利用中经济与社会、生态之间的多种关系，创造一个协调的、良好的居住环境。

（2）建设用地节约集约利用的系统目标。随着节约集约利用理念的深入人心，以及人类对社会及生态目标重要性的共识，土地利用目标呈现出多样性，既要满足当代经济发展之需求，又不能忽视居民生活及城乡发展生态环境良性循环之需求。具体而言，城乡建设用地节约集约利用目标主要体现在以下四个方面。

第一，经济有效。在土地资源供给有限的前提下，提高经济效益和效率是人类发展的基本能力，也是土地节约集约利用系统的基本要求，但不是目标最大，而是目标有效，即人类合理利用土地资源以获得社会的可持续发展。盲目追求经济效益而忽视生态环境和社会效益的土地利用方式都是不可取的。因此，城乡建设用地节约集约利用要求实现土地资源利用方式的转变，以促进经济又好又快地发展。经济高效发展要求经济增长方式由粗放型向集约型转变。

第二，社会可接受。城市土地利用相关制度的发展完善以及城市经济的快速发展，为城市人口提供了更完善的生活条件和更多增进福利的机会。代表城市不同利益集团的土地经营者推动了土地利用社会目标的提高。如城市人口居住面积的均衡、城市人均占有绿地面积的增加、当代土地经营者与后代土地经营者在享有土地资源及其生态环境方面的公平。

第三，生态安全。城市经济的发展必须在土地资源及其生态环境的承载力之内。这样，才能使系统保持其相对稳定的结构和功能，使其具有持续不断的再生产能力和自我修复能力。当人类对土地利用的不合理严重干扰正常的自然生态过程时，将对自然生态系统的结构造成不可逆的破坏，导致该系统的功能障碍，自然再生产能力将下降甚至消失殆尽，最终导致经济再生产能力的不复存在。

第四，协调发展。土地节约集约利用系统内部各个子系统之间的协同关系，使系统的功能得以增强。因此，只有人口、社会经济和自然生态子系统处于协调状态，各要素的开发利用规模在系统相应的阈值范围内，如城市人口集聚程度、城市建筑容积率等，才能保证系统持续不断地向有序状态转变。

这些目标之间相互影响、相互制约，经济目标是基本，生态目标是保障，社会目标是最终目的，系统协调目标是必要条件。从系统运行的发展过程来看，目标的实现是自然再生产、经济再生产和社会再生产的有机合成，目标的最终实现取决于城乡经济再生产和自然再生产能否高效、和谐地持续运行。

（3）建设用地节约集约利用的系统结构分析。按照有关"土地利用"的定义，任何一个土地利用行为都对应着一个土地利用系统。建设用地节约集约利用也不例外。由于影响城乡建设用地节约集约利用的因素有很多，且相互间又存在较为复杂的关系，所以需要应用系统论的观点和方法，对城乡建设用地节约集约利用进行综合的分析与考察。系统是由相互作用、相互依赖的若干组成成分结合起来的，是具有某种特定功能的有机整体。系统的结构是指系统内部各要素相互联系、相互作用的方式或秩序，即各要素之间的具体联系和作用的方式。通过对系统结构的全面分析可以准确地把握系统中各要素之间的相互作用关系。

土地利用是人与自然、环境相互作用的集中表现，是由不同的利用方式和利用强度组成的一个系统。而城乡建设用地节约集约利用系统则是由城乡人口、自然资源、社会与经济子系统相互耦合而成的空间交互影响的复杂系统。随着城市社会经济的发展变化，人们需求质量的改变，城市土地利用结构和功能也相应发生变化，即系统所处的环境总是在不断变化之中，系统也总处于一个非平衡的运动状态。

第四章　土地利用的总体规划分析

第一节　土地利用总体规划及其编制

一、土地利用总体规划的特点、目标及任务

"规划作为国土资源规划管理的一个核心组成部分，随着当前城市基础建设的不断推进和国家可持续发展战略理念的不断深入践行，总的来说，它仍然是推进国土资源管理改革创新发展的一部分，是真正实现国土资源的完全可持续利用规划。[①] 土地利用总体规划指在一定的规划区域内，根据区域自然、社会、经济条件和国民经济发展需要，协调国民经济各部门之间和各产业之间的用地矛盾，确定或调整土地利用结构和布局，保持土地供需平衡，对土地资源的开发、利用、整治和保护进行的战略性部署和统筹安排。

（一）土地利用总体规划的特点

土地利用总体规划是各级人民政府对土地利用进行协调和控制的重要手段，具有以下特点。

1. 总体性

土地利用总体规划的总体性具体表现在以下四个方面。

（1）从规划的对象上看，土地利用总体规划是针对规划区域内的全部土地资源，而不是某一类土地或某一局部土地，在总体规划中要全面考虑土地资源的合理配置，要把时间结构、空间结构和产业结构与土地的开发、利用、整治和保护进行统筹安排和合理布局。

（2）从规划内容上看，总体规划要对土地的开发、利用、整治、整理、复垦和保护，同时结合时间结构、空间结构和产业结构进行统筹安排、全面考虑。

（3）从规划的目标上看，土地利用总体规划强调的是综合效益的最大化，既要兼顾经济、生态、社会效益的高度统一，又要正确处理局部利益和整体利益、近期利益和长远利益的关系，最终实现土地的可持续发展。

（4）从规划的协调范围看，它协调国民经济各部门的用地关系，而不协调某一部门

---

① 王建纲. 论土地利用总体规划与城市总体规划的协调关系 [J]. 智慧中国，2022（6）：78.

内的用地关系。它综合各部门对土地的需求，协调部门用地矛盾，调整用地结构和布局，使土地利用符合国民经济、社会发展和环境保护的需要，以促进国民经济持续、稳定、健康的发展。

2. 长期性

长期性主要表现在规划的时限具有长期性，规划的影响具有长期性，规划的实施具有长期性。土地利用总体规划是国民经济和社会发展规划的组成部分，要与土地利用有关的重要经济和社会活动紧密结合。土地利用总体规划期限一般在 10 年以上，并对土地利用做出远景预测，展望未来 20 ~ 50 年，为保证规划的实施，必须通过制定阶段性的目标来落实，并将其作为近期规划目标，一般确定近 5 年的重要建设项目。

3. 战略性

土地利用总体规划是在宏观上对土地资源的一种战略性部署，是一种政策指南。土地利用总体规划的战略性表现在它所研究的问题具有战略意义，如城乡土地利用发展方向、发展规模和总体布局；国民经济各部门的土地供求平衡问题；土地利用结构与用地布局的调整问题；土地利用方式的重大变化等战略问题等。

（二）土地利用总体规划的目标

土地利用总体规划目标的确定是一个带有全局性的问题，总体规划目标确定得正确与否，关系到今后土地利用结构调整的方向和途径。土地利用结构是各类用地的组成和比例，它是土地利用总体规划的核心，体现土地利用的总体布局和安排。土地利用总体规划的目标是在土地利用结构研究的基础上，根据国民经济发展的长期规划对土地资源的需求、土地资源的供给状况、土地的人口承载潜力和土地利用战略的研究成果，提出规划期的土地利用目标。

规划目标应该是可量化的，其内容主要包括以下五个方面。

第一，耕地保护目标。耕地保护是土地利用总体规划里最重要的目标，按照耕地总量动态平衡的原则和确保耕地总量目标实现的要求，明确规划期耕地保有量指标，基本农田保护区面积指标，占补平衡的主要指标等。

第二，建设用地控制目标。根据优先满足国家、省和地方重点建设项目和基础设施建设用地的原则，确定重点建设用地规模及其占用耕地的指标，同时使建设用地总量得到有效控制。

第三，用地结构目标。对保障各业用地的基本需求、合理调整土地利用结构、优化土地资源配置提出总体要求，确定土地利用结构调整方向以及规划期内各业各类用地的比例结构。

第四，土地开发、整理、复垦目标。适度开发宜农荒地，把土地整理和复垦作为增加各用地供给量特别是补充耕地的主要措施，确定土地整理和复垦的数量，同时确定宜农后备土地资源合理开发的规模。

第五，土地生态环境目标。从实现土地可持续利用的角度，提出改善生态环境的基本目标，如确定退耕还林、还草、还湖面积，治理水土流失面积等。

（三）土地利用总体规划的任务

编制土地利用总体规划是我国现阶段土地管理的重要任务之一。土地利用总体规划的主要任务是协调各业用地矛盾，保持土地供需平衡，提高土地利用的综合效益，对土地进行合理的开发、利用和保护，不断提高土地集约利用水平，促进土地资源可持续利用。土地利用总体规划的基本任务如下：

1. 对土地利用进行宏观调控

编制和实施土地利用总体规划是政府加强土地利用宏观调控的主要手段，是土地利用宏观控制的主要依据。土地利用总体规划是对土地的开发、利用、治理和保护在空间、时间上做的总体战略安排，国家通过土地利用总体规划协调国民经济各部门的土地利用活动，合理配置土地资源，有效地利用土地资源和杜绝土地资源的浪费。

2. 对土地利用进行合理组织

土地利用总体规划应该完成以下几个任务：

（1）在国民经济各部门之间合理分配土地，用统一的总体规划建立适应社会发展需要的合理的土地利用结构，在部门间合理分配土地资源，以克服过去部门间土地管理各自为政、自成系统的弊端，解决部门间存在的严重征地矛盾和土地资源浪费问题。

（2）把各种用地尽可能配置在合适的土地利用类型上，做到"地尽其用"，并形成各种用地合理的空间组合和布局，如对农业用地（如农、林、牧、水产用地）和建设用地（如城镇居民点、工矿、交通和水利设施用地等）以及自然保护区、风景旅游区等专项用地的布局，并对后备土地资源潜力进行综合分析研究，制定相应的配套政策，引导土地资源的开发、利用、整治和保护，以保证充分合理、科学有效地利用有限的土地资源，防止对土地资源的盲目开发。

3. 对土地利用进行规范监督

土地利用总体规划是土地管理的重要手段，具有严肃的法律地位。根据《中华人民共和国土地管理法》（以下简称《土地管理法》）的规定，土地利用总体规划一经批准，必须严格执行。任何机构和个人不得随意变更规划方案，各项用地审批必须以规划为依据。

土地利用总体规划是监督各部门土地利用的重要依据。规划方案的评估和修改必须按编制规划的法定程序进行。

不同层次规划的性质和需要解决的重点问题不同，规划的任务也不相同。在国家、省、市、县、乡五级规划体系中，从上至下，规划的任务由宏观逐渐向中观、进而向微观转变。因此，各级政府在编制土地利用总体规划过程中，应在确定规划任务的基础上明确不同级别土地利用总体规划内容的差别。

二、土地利用总体规划的编制程序

（一）准备工作阶段

土地利用总体规划是一项涉及面广、综合性较强的工作，为了保证总体规划编制工作的顺利进行，在规划编制前应做好以下三项准备工作。

1. 组织准备

组织准备就是事前成立土地利用规划的领导小组和业务团队，主要包括两个方面的内容：①规划领导小组由政府主要领导以及相关部门领导组成，可包括土地、城建、计委、畜牧、水产、水利、交通等部门领导，其主要职责：确定工作计划，负责土地利用总体规划编制工作的组织和协调，研究、解决规划中的重大问题，规划方案的论证和验收工作；②组建业务团队，负责规划的具体编制工作，根据实际情况，举办专业规划人员培训，以提高业务班子的业务水平。

2. 技术和物质准备

（1）技术准备主要是制订土地利用总体规划编制的工作计划和技术方案。工作计划包括规划指导思想、规划目标、近期规划任务和远期规划任务等；技术方案包括规划依据、规划内容与方法、技术路线、成果要求等。

（2）物质准备主要是准备总体规划编制所需要的工作经费、工作地图、工作表格以及有关仪器、工具等。

3. 资料准备

资料的调查和整理工作是做好土地利用总体规划的前提。这项工作做得充分，规划编制就能比较顺利地进行。应收集的主要资料如下：

（1）区域基础资料，主要包括：①地形地貌、土壤、气候、水文、自然灾害等自然条件资料；②矿产资源、生物资源、旅游景观资源等资源状况；③历年总人口、人口自然增长、人口机械增长、非农业人口、流动人口、暂住人口等人口普查资料；④历年国内生产总值、固定资产投资、产业结构等国民经济与社会发展统计资料；⑤城乡建设及基础设施状况；⑥主要产业发展状况；⑦农业普查资料；⑧生态环境状况；⑨地方志等区域历史资料。

（2）土地资源与土地利用资料，主要包括：①土地利用现状调查资料（数据、图件和报告等）；②土地利用变更调查资料（数据、图件和报告等）；③历年土地统计资料；④历次非农业建设用地清查资料；⑤待开发土地资源调查及其他专项用地调查资料；⑥土地评价和土壤质量评价资料等；⑦土壤普查；⑧土地详查等。

（3）土地利用的规划资料，主要包括：①国民经济和社会发展规划；②上一级土地利用总体规划资料；③上一轮土地利用总体规划资料；④土地利用专项规划资料等。

（4）相关规划资料，主要包括国土规划、区域规划、城镇规划、村镇规划、开发区规划、农业区划、农业综合开发规划及各部门发展规划。

（5）重点建设项目资料，主要是调查收集县域内已立项建设的公路、铁路、机场、港口码头、水库、电站、大型工矿等重点基础设施建设项目的规划设计资料及其图件。

（二）专题研究阶段

专题研究是编制土地利用总体规划前期研究的一部分，专题研究并不是孤立存在的，它为整个规划服务，为土地利用总体规划的编制提供科学依据，一般根据区域土地利用存在的突出问题，有针对性地展开专题研究。

1. 土地利用现状分析

土地利用现状分析是在土地利用现状调查的基础上进行的，通过分析土地利用自然和社会经济条件、土地资源的数量和质量、土地利用结构和布局，土地利用动态变化规律，围绕土地利用的充分程度、土地利用的适宜程度、土地利用的集约化程度和土地利用的生态效益、社会效益四个方面，阐明土地利用的特点和存在的问题，总结土地利用的经验教训，明确土地资源开发利用的方向与重点，为制定人地协调发展的土地利用规划提供科学依据。

2. 土地适宜性评价

土地适宜性评价是对区域土地资源进行宜农、宜林、宜牧和不宜类评价，掌握区域各类适宜性的土地资源的数量、质量、限制因素及其分布；对土地资源的利用潜力和生产潜力做出评价，从而为土地供给量预测、土地利用结构调整和布局、土地利用分区提供依据。

3. 土地后备资源调查与评价

土地后备资源调查与评价是对那些尚未开发利用的土地（如工矿、道路、废弃地、空隙地等的开发利用潜力、利用方向、开发改良措施等）进行调查、分析和评价，特别是耕地后备资源的调查是补充耕地的重要来源，是土地资源开源的主要手段。

4.土地供需分析与预测

土地供需分析与预测是在土地利用现状分析评价的基础上，预测各类用地的供给量和需求量，分析土地供需趋势。具体预测包括土地需求量预测、人口预测、消费水平预测、作物产量预测、生产潜力预测、土地人口承载量预测等方面。土地供需平衡分析，就是在土地利用现状及潜力分析、土地适宜性评价和土地需求量预测的基础上，通过供给量和需求量之间的比较，从总体上分析各类用地的供需状况。它为有计划、因地制宜、合理安排农业和非农业用地提供依据，为协调产业用地矛盾，加强土地利用科学管理和宏观控制，编制土地利用总体规划提供依据。

（三）规划方案编制阶段

在土地利用总体规划的编制中，编制方案是总体规划的核心，而土地利用总体规划方案的核心又是土地利用调整指标的确定和土地利用分区的划定。土地利用总体规划报告应包含以下几个内容。

1.确定土地利用目标

掌握了土地供需的总体状况，根据社会经济发展的需要和土地资源条件，明确规划需要解决的土地利用问题，确定规划期内土地利用的目标。注意两个协调：①与上级规划目标、指标的协调；②与本地区社会经济发展计划的协调。做好这两个协调是实现土地利用目标的保证。

2.拟订规划供选方案

土地利用目标和战略确定后，根据规划方案制定各类用地指标，合理调整土地利用结构和布局，选择规划项目，进行重点工程项目的布局及用地的概算，确定土地整理、复垦、开发和保护分阶段任务，最后设计供选方案。

3.规划方案择优与评价

各种供选方案由于考虑问题的角度不同，其效益和特点也就不同。对各种供选方案全面评价，对比优选，选择效益较好、最有可能实施的方案作为规划方案。规划方案确定之后，要组织有关部门进行论证和协调。

4.确定土地利用分区

制定各区土地利用管制规则，包括划定基本农田保护区和配置重点建设项目用地；将土地利用指标分解落实到下级；制定实施规划的政策和措施。

5. 编制规划成果

资料规划方案选定之后，即可编制规划成果，先编制草稿，在经过有关部门、地方政府和专家的论证、审议并修改后，形成规划送审稿等文本和图件资料。

（四）评审和论证阶段

规划编制完成后，将土地利用总体规划的文本和说明报送各部门征求意见，根据意见对规划进行反复修改和协调，然后由政府领导班子审议，再组织专家对规划成果进行评审。

土地利用总体规划成果评审应该符合相关要求：①贯彻耕地总量动态平衡的要求，充分体现切实保护耕地、严格控制各类建设用地、集约利用耕地的原则精神；②落实上一级规划的土地利用控制指标；③规划需要解决的土地利用问题符合实际，规划目标和任务切实可行；④土地利用结构调整依据充分，各业用地原则正确，调控措施切实可行；⑤耕地占补平衡挂钩的要求得到落实；⑥土地利用分区合理，用地位置清楚；⑦土地整理、开发、复垦的潜力分析和可行性分析比较深入，重点项目明确，分期实施计划可行；⑧规划指标分解落实到下级，指标分解与用地布局控制紧密衔接；⑨规划与城镇规划及其他部门规划协调较好；⑩规划文本、说明及专题研究内容符合要求，论述清楚；⑪ 规划图内容全面，编绘方法正确，图面整洁清晰。

规划成果评审小组对被评审的规划成果应做出结论，符合条件的应评为合格。对规划成果不合格的或部分不合格的，评审小组应提出纠正、修改或补充的具体意见。

（五）规划审批、公示和实施阶段

规划报告编写完成后，要履行审批手续，形成一个规范性文件。根据审批手续，上一阶段评审合格的土地利用总体规划经同级人民政府审核同意后，由县人民政府报省人民政府批准，并报上级土地管理部门备案，最后由同级人民政府公布实施。拟定实施规划的措施，同时对规划进行动态监测，根据规划和实际的差距以及反馈信息，进行规划调整和修改，根据实际情况回到第一步，进行又一轮规划分析。

第二节　土地的供需预测及平衡分析

一、土地供给量预测

土地供给是指可利用土地的供给，即地球所能提供给社会利用的各种生产和生活用地的总量，具体到某一个地区，就是指该地区行政辖区范围内所能提供给社会利用的各种生产和生活用地的数量。土地供给分为自然供给与经济供给。

土地天生的可供人类利用的特性，就叫土地的自然供给。具体到某一个地区，它是指该地区能提供给人类利用的土地数量，这个数量包括已利用的土地资源和未来一段时间可供利用的土地资源，即后备土地资源。这个数量是相对稳定的，不受任何人为因素和社会经济因素影响（行政辖区范围变动例外）。

（一）土地经济供给的影响因素

第一，各种土地自然供给量，是土地经济供给的基础和前提。

第二，随着人类利用土地知识和技能的逐步提高，原来不能利用的土地变为可以利用，可使原来利用不够经济的土地变为经济的利用，从而增加了土地的经济供给。

第三，交通运输事业的发展，使原来不便于利用的土地变为可以利用的土地，降低使用成本，亦可增大土地经济供给。

第四，土地利用集约度的提高，使该项利用的土地经济供给随之增加。

第五，社会经济发展需求的变化促进土地利用方面的改善，从而影响各种土地经济供给的改变。

第六，现代工业和科学技术的发展，如化纤业发展，代替了部分棉布，直接影响棉田的经济供给。

（二）土地经济供给的主要途径

1. 土地集约利用

在农业开发历史悠久、垦殖指数高、后备资源少的国家，增加土地经济供给可在已利用的土地上增加劳力和资金，提高已利用土地的集约利用水平，不断增加土地生产率。土地集约利用可分为劳动集约、资金集约和技术集约三种类型，各国或各地可根据当地的实际情况加以合理选用。

2. 调节消费需求

土地因其自然条件和经济条件的不同，具有一种或几种最适宜的用途，如调节人们的消费需求使其与土地适宜性相一致，使土地能够生产一种或几种最适宜的产品，必然获得更多的产品和收入，这就等于原有土地资源利用的经济供给的增加。

3. 发展新型工业

生产多种农产品的代用品，使土地转用于更加迫切需要的领域，如新型食品工业的发展，使粮食得到更加合理利用充分发挥其营养作用就等于生产粮食耕地经济供给的增加；新型建材工业的发展，使过去居住平房向居住高楼发展，既减少了占用耕地，又扩大了居住面积，居住消费的调整，也相当于是增加了土地经济供给。

（三）土地供给潜力分析

土地的经济供给是指在土地的自然供给的基础上，投入劳动进行开发后，成为人类可直接用于生产、生活的土地的供给。

中国现有土地资源利用形势十分严峻，人地矛盾非常突出。除了受自然条件的制约外，问题产生的根本原因在于长期以来不合理的土地利用方式，它是以牺牲土地资源数量和综合效益为代价的。因此，为保证中国经济健康发展、社会和谐进步，必须采取优化措施、改善现有土地利用方式，提高土地利用率，挖掘现有土地资源利用潜力，有效增加土地的经济供给。

1. 土地开发潜力

土地开发指采用工程、生物和技术等措施，将来利用土地资源投入利用与经营的活动。土地开发可分为狭义和广义两种方式：广义的土地开发是指对未利用土地的开垦利用和对业已利用土地追加投资和劳动，实施土地集约利用；狭义的土地开发是指对未利用土地的开垦，是把土地自然生态系统变为人工生态系统的过程。

随着城市化和工业化过程和大规模的生态环境建设，耕地减少的趋势不可避免，人地矛盾将更加尖锐，在这种形势下，适当地开发一部分土地后备资源补充耕地的减少是必要的。但与此同时，一些地方由于片面强调开发规模和经济效益，对垦荒过程中存在的外部性问题认识不足，导致过度开发和不合理开发现象，加剧了草原沙漠化、水土流失和洪涝灾害。

2. 土地复垦潜力

土地复垦是指采取工程、生物和技术措施，对在生产建设过程中因挖损、塌陷、压占等造成破坏的土地进行整治，使其恢复到可利用状态的活动。恢复后的土地可作为农、林、牧、渔业用地，也可作为工业用地，以及作为游览娱乐用地。

我国待复垦土地类型多样、成因复杂，按照成因和属性，待复垦土地有以下类型。

（1）挖损地。挖损地主要指露天开采矿藏、勘探打井、挖井取土、采石淘金、烧制砖瓦、修建公路铁路、兴修水利、工矿建设、城镇和农业建筑等工程完毕后留下的毁损废弃的土地。挖损地分布涉及全国各地。这类土地根据当地条件，可复垦成为耕地、林地和牧地等。

（2）塌陷地。塌陷地是指地下开采矿产资源和地下工程建设挖空后，由于地表塌陷而废弃的土地。由于塌陷地的形成主要由地下采矿所引起，从全国范围来看，其分布与我国地下能源或矿产基地相一致，这类土地只要地形和土壤条件允许，可复垦为耕地和其他农用地，积水区可发展水产养殖。

（3）压占地。压占地是指采矿、冶炼、燃煤发电、水泥厂等排放的废渣、石、土、煤矸、粉煤灰等工业固体废弃物、露天矿排土场及生活垃圾等所压占的土地，同时包括废弃建筑物所压占的土地。这类土地如毒性大、垫土开发困难，或所在地区坡度较大，一般适宜复垦为林草地。

（4）污染废弃地。污染废弃地主要是指因城市、工业、交通、乡企"三废"排放和污水灌溉而废弃的土地。对于这类土地，前期一般不宜复垦为以生产人畜食用产品的农用地，仅适宜种植林木，用于观赏和用材。

（5）自然灾害毁损地。自然灾害毁损地是指地震、暴雨、山洪、泥石流、滑坡、崩塌、沙尘暴等自然灾害而被损毁的土地。这类土地主要分布在洪涝灾害比较严重的地区，对于洪水毁损的土地，当年可直接开发为原农业用地类型。

3. 土地整理潜力

土地整理是指采用工程、生物和技术等措施，对田、水、路、林、村进行整治，提高耕地质量，增加有效耕地面积，改善生产、生活条件和生态环境的活动。土地整理包括农地整理和农村建设用地整理，农村建设用地整理主要包括以下两个部分：

（1）农村居民点用地整理。农村居民点用地整理，以优化城乡居民点布局，提高用地效率和集约化程度为目标，基本内涵指从宏观上对农村居民点的数量、布局以及从微观上对农村居民点用地规模和内部结构、布局进行的综合调整。主要是运用工程技术及调整土地产权，通过对农村居民点用地规模、内部结构及空间布局的再调整，使农村居民点适度集中，提高农村居民点土地利用强度，促进土地利用有序化、合理化、科学化，并改善农民生产、生活条件和农村生态环境。

（2）农村工矿废弃地的整理。主要是针对地处农村的、已经破产或废弃的工矿和企业的集体所有建设用地，通过工程技术手段，对其进行重新复垦整理使其达到或逐步达到耕作标准的过程。农村工矿废弃地的整理是农村建设用地整理的又一个重要方面，对改善农村生态环境以及农民生产、生活条件，优化土地利用结构，促进土地可持续发展也有着重要意义。

二、土地需求量预测

预测是运用科学的理论和方法，对预测对象及有关的过去和现在的实际资料进行分析研究，从而掌握预测对象的内部联系和外部联系及其发展变化的规律性，并据以对预测对象在未来时期的发展变化及其结果做出估计和推断。

"土地需求量预测是土地利用总体规划的重要组成部分和核心内容之一，也是土地利用总体规划修编工作中的一个十分重要的基础环节。"[①] 土地需求量预测是以土地利用及用地的各方面各领域的发展趋势为对象的预测活动，是确定土地利用目标的前提和依据。它以系统、全面、准确、及时的各种土地统计资料和调查研究资料为依据，从土地利用发展的历史和现状出发，运用科学的理论和方法，对各类用地需求在未来的发展趋势和发展程度进行分析研究、估计和推断。

（一）土地需求预测的作用

1. 为土地利用规划提供科学依据

土地利用规划是土地利用管理的基础和关键，是管理的依据。规划方案的好坏，直接影响整个规划成果的水平和规划管理，影响一定区域土地综合利用的水平和效益。合理的规划方案必须以科学的预测为前提和依据。

2. 为编制用地计划提供依据

不仅制定长期用地规划需要进行科学预测，编制土地利用年度计划也要进行科学测算。各地区在编制土地年度计划的时候，要综合考虑当地的固定资产投资规模、规划实施情况、实际报批用地量、人均耕地数等因素，测算年度用地计划量。这样就可避免不明情况下出现的决策失误和偏差，确保能协调和合理的安排与配置用地计划指标。

3. 为宏观调节和控制提供依据

在规划和计划执行过程中，需要不断地检查执行情况，需要根据国家宏观调控的具体要求，调整计划方案，调控规划实施的用地总量、建设和结构。这些土地利用调节和控制的方向、范围和力度，以及调节和控制的手段与措施的选择，都必须以科学的土地预测为基础，这样才能保证达到理想的效果。

（二）土地需求预测的分类

1. 远期预测和近期预测

按时期长短划分，分为远期预测和近期预测。远期预测是指对规划目标年内各项用地发展情况所做的预测，是制定土地利用长期规划和战略目标的依据；近期预测是指对规划近期内各项用地发展情况所做的预测，是制定土地利用阶段目标的依据。

[①]　续竞秦. 基于灰色－马尔可夫模型的土地需求量预测与供需平衡分析 [D]. 南宁：广西大学，2006：3.

2. 宏观预测和微观预测

按预测的范围划分，分为宏观预测和微观预测。宏观预测是对于一个国家、一个部门、一个地区的土地利用前景所做的预测，其对象所涉及的地理范围比较大（如整个国家、省份）、部门庞大（如整个工业、农业、交通运输业等用地）、系统复杂；微观预测是指对一个单位用地活动情况所做的预测，其对象涉及的地理范围小（如县、城镇等）、部门单一（如某一企业、机关、学校）、系统简单。

宏观预测以整个国家或省的各项用地活动为基础，涉及面广，问题复杂，预测的难度较大。微观预测虽然有时也会涉及整体问题，但毕竟以一个小的地域空间或企业为主，较为具体，容易处理。

3. 定性预测和定量预测

按属性和方法划分，分为定性预测和定量预测。

（1）定性预测。定性预测是一种直观预测，多采用调查研究的方法进行，是建立在经验、逻辑思维、逻辑推理基础上的。预测的目的不在于准确地推算出具体数字，而在于判断事物未来的发展方向，如会议调查法、市场调查法、对比分析法等。土地定性预测多适用于历史数据不易获得、事物不易量化、更多地需要专家经验等情况。

（2）定量预测。定量预测是对土地需求的数量方面进行预测，是从大量的统计数据入手，建立在统计学、数学、运筹学、电子计算机等各门学科的基础上，利用数学模型、图表分析和计算机进行处理的预测。如回归分析预测法、投入产出预测法、模糊预测法、灰色预测法等。在任何分析中，定量分析都必须以定性分析为前提。

（三）土地需求预测的内容与程序

1. 土地需求预测的内容

土地需求预测是指对一定地区、一定时期内各类用地规模及动态变化所做的测算。主要包括人口预测、农业用地预测、耕地及基本农田保护面积预测、建设用地总量及城乡居民点与独立选址建设用地预测、城乡居民点各层次居民点用地预测等内容。土地需求预测是协调各业用地矛盾、进行土地供求平衡、编制土地利用总体规划方案的重要依据。

2. 土地需求预测的程序

土地需求预测的范围比较广泛，与之相关联的因素错综复杂，预测工作也复杂。用地需求预测过程一般分为以下几个步骤。

（1）确定预测的具体目标。对某一项土地利用活动进行预测，根据对有关情况的分析和思考，确定预测课题，明确预测对象。确定课题后，就要研究确定这一课题的预测目的和目标。预测的目的和目标规定预测的方向，没有这个方向预测活动便不能进行。

（2）收集和审核预测资料。预测的目的确定以后，就可以根据该目的的要求，广泛收集所需要的历史资料、现实资料。历史资料是土地利用历史过程中的累积资料；现实资料就是土地利用现象的现状和与此相关的现状资料，可以通过多种渠道收集。

（3）确定预测模型。这是预测中关键的一步。预测的模型很多，分析预测对象的内部结构，选择合适的预测模型，对于预测发展趋势是至关重要的。对预测模型中参数值的估计方法有很多种，像最小二乘法、指数平滑法、三点法等，在预测时，要选择一种最适合的方法，计算出参数值，使预测误差达到最低限度。

（4）进行计算预测。确立模型后，就要代入有关数据进行运算，求解预测值。在实际操作中，必须周密组织进行。一般是由国土部门负责组织并提出有关用地预测的要求，有关专项规划提出用地计划，再由国土部门会同相关部门核定。具体步骤如下：

第一，制订预测工作计划，召开各有关主管部门和大的用地单位代表参加的会议，明确各部门用地顶测与用地计划的内容、要求和提交时间。

第二，各部门分别进行用地预测并编制用地计划。预测与计划的年限应与土地利用规划年限相同。各项建设发展用地，应区分占用耕地与占用非耕地的面积。农业结构调整需要退耕的，要提出退耕面积。部门用地预测和计划不仅要提出发展用地的数量，而且要在图纸上标明用地位置和范围。

第三，部门用地预测及计划拟订后，经部门主管领导审核同意，正式报送规划修编工作办公室或国土部门。预测及计划成果应附预测的依据、方法等说明材料。

第四，对各有关主管部门的用地预测和用地计划进行核定，对其中遗漏的或不确切之处，通过协商予以补充和调整。

第五，汇总各部门用地预测和计划，形成综合材料备用。

三、土地供需平衡分析

土地供给量是指规划区域内供给人类利用各类土地数量的总和。土地需求量是指人类从事生产与消费活动对土地的需要。随着人口增长和社会经济发展，对土地的需求也在增长，各类用地的需求量依据社会经济发展计划加以预测。

土地供需分析是在土地供给量和土地需求量预测和估算的基础上加以比较，依据土地供给量和土地需求量两者之间的数量比较借以评价供不应求、供过于求和供需平衡状况。可以采用经验方法增减供需，以达到供需平衡，也可以用数学方法，借助优化土地利用结构即种类用地数量比例关系，协调土地数量供需平衡的同时应使土地利用效率最大化。凡能够同时兼顾数量平衡和利用效率最大两项条件的土地利用结构才为合理，才可真正做到土地供需平衡。土地的供需平衡可从农用地和建设用地两个方面来衡量。

农用地的供需平衡主要是在市场经济条件下实现农用地内部结束调整符合农业的产业结构调整，重点在于保护耕地。必须以市场需求为导向，调整农业生产结构；结合农业生产结构调整，加强农用地管理；通过土地开发整理复垦，增加耕地面积。

建设用地供需平衡的核心在于通过加强城镇规划管理和建立市场机制提高效益，主要包括：①提高建设用地利用效率；②提高土地利用结构效率；③提高建设用地利用边际效率；④建立和完善建设用地的土地利用市场机制；⑤加强城镇规划管理实施，并与建设用地市场管理和经营有机结合。

第三节　土地利用结构与布局思考

一、土地利用结构

土地利用总体规划的核心内容是土地利用结构在空间上的优化配置以及在时间上的合理安排，这是一项十分复杂的社会经济系统工程。如何按自然规律和经济规律建立合理的土地利用结构，是土地利用总体规划的本质所在，包括生态的、技术的和经济的问题。

土地是国民经济各部门重要的物质条件，各部门的生产活动都是以占用一定面积土地作为其活动范围的，因此，国民经济各部门之间不但存在着经济上的结构和比例关系，而且也具有土地利用结构和比例关系。

所谓结构是从静态方面反映一定时期内，同一总体中各部分所占的比重，表示在一个总体内部多元的对比关系，比例则从动态方面反映不同时期内同一总体中各部分动态变化的相互关系。从这个意义上讲，土地利用结构系指国民经济各部门占地的比重及其相互关系的总和，是各种用地按照一定的构成方式的集合。

土地利用结构研究可以解决两个相关的问题，即国民经济各部门之间合理分配土地资源和实现土地利用效率最大化。土地利用效率可用平均单位面积的产出的大小或平均单位产出的占地大小来表示。土地利用效率最大化就是要尽可能地降低平均每单位产出的占地量或提高平均每单位土地的产出量。

（一）土地利用结构优化方案的编制

土地利用结构优化，可以简单地认为是为了达到一定的生态经济社会最优目标，根据土地的特性，利用科学技术和管理手段，对区域土地在时空尺度上，分层次地进行安排、设计、组合和布局，以提高土地利用效率和土地产出率，使土地生态系统维持相对平衡，实现土地的可持续利用。就其过程而言，土地利用结构优化实质上是一个确定一整套的土地利用布局的技巧或活动，来达到一定特殊目标的过程，或被认为是对适合于特定土地利用目标的多种用地类型的合理选择。

土地利用结构优化是在对供选方案评价的基础上加以确定的。优选方案具有时间相对性。随着时间和参数的变化，优化方案也处于动态变化之中。

1. 供选方案的指导思想

应以习近平新时代中国特色社会主义理论和党的基本路线为指导，坚决贯彻"十分珍惜和合理利用土地，切实保护耕地"的基本国策与"一要吃饭，二要建设"以及要保护环境的方针。根据经济社会发展规划和社会主义市场经济发展的需要，合理调整土地利用结构，综合协调国民经济中各部门的用地关系，在空间上合理布局用地，为国民经济和社会发展的持续、高速和健康发展创造良好的土地条件。

2. 土地利用结构优化原则

（1）切实保护耕地。由于土地利用具有不可逆性的特点，即农用地一旦转为建设用地之后，很难改变。因此这一原则是今后相当长一段时期内我国的土地规划必须遵守的一个原则。为了确保粮食安全、国家长治久安和社会稳定，在现有的生产条件和技术水平下，必须保证一定的耕地数量。由于我国人口的持续增长、城镇建设对耕地的侵占和耕地后备资源的不足，今后我国的耕地数量仍然面临减少的压力；而水土流失、盐碱化、养分失调、投入减少等导致耕地质量仍在下降。因此，维护耕地数量稳定，确保耕地总体质量提高是当前土地利用的一项战略任务，必须得到切实的贯彻执行，确保耕地在数量和质量上的总体动态平衡。

（2）土地利用供求平衡。将各类用地需求预测与供给分析进行比较，分析其差距及其原因，寻找弥补差距的可能性和现实性。对于确定难以满足需求的土地利用，应该对造成的后果进行预测和充分评估，预留弥补的措施。在分析各类用地的需求和供给之后，进行总量平衡。

（3）统筹兼顾、全面安排。规划区域是一个整体，各类用地都是整体的组成部分。各类用地安排必须服从整体并取得最佳整体效益。同时土地利用关系到各行各业的切身利益，规划必须统筹全局，以农业为基础，兼顾各业对土地的需求，使之各得其所。农业生产要求有较好的土地条件，加之宜农土地资源又十分有限，因此质量好的宜农土地要优先保证农业的需要。

（4）因地制宜。由于我国各地自然条件和社会经济条件差异较大，需要解决土地利用问题也不尽相同，优化方案必须从实际出发，在具体内容、编制方法和设计深度上，都要因地制宜，讲究实效，以能解决当地土地利用的实际问题为主。

（5）经济、社会和生态效益统一。土地利用是人们通过一定行动，利用土地性能，满足自身需要的过程，以获得土地利用的综合效益。这种效益不能只顾眼前而不顾长远，不能只顾经济和社会效益而不顾生态效益。对土地掠夺式利用而遭到自然惩罚的事例历史上不胜枚举。所以，规划必须遵循土地利用的客观规律，坚持经济、社会、生态三个效益统一的原则，坚持当前利用服从长远利益，使土地资源得以永续利用。

（6）公众参与的原则。所谓公众参与是指同将来执行规划或规划有关部门代表广泛交换意见，共同参与规划决策的过程。公众参与可以保证熟悉情况的部门或单位有机会得以补充和纠正有关资料中的遗漏和错误，有利于有利害矛盾的部门之间沟通、谅解和有利于规划的实施。

3. 拟订方案的主要依据

（1）政策法规。为了搞好规划方案，必须学习和掌握土地、森林、草原、水、矿产、环保、城市规划、水土保持、交通运输等方面的政策法律、法规中的有关土地管理和土地利用方面的规定，这些规定都是拟订规划方案的重要依据。

（2）计划、规划。国民经济与社会发展计划，上级的土地利用总体规划，农业区划、国土规划，农业区域开发规划，城市总体规划和土壤普查，均为拟订总体规划方案的主要依据。

（3）用地需求。通过土地利用需求结构的研究以寻求部门用地特点和规律，作为拟订规划方案的主要依据，由于目前行业之间对用地分类系统存在问题。如林业部门称疏林地为林地，畜牧部门称为疏林草地，导致同一块重复统计的情况，加之某些部门在预测过程中从自身利用考虑较多。因此，预测结果常带有一定的局限性，导致一个区域内需求的土地总面积大于区域的土地资源总面积。尽管如此，需求结构仍不失为拟订规划方案的主要依据，从总体上看，需求结构仍可反映一个区域内土地需求趋势。

（二）土地利用结构规划方案的编制方法

1. 土宜法

土宜法是建立在土地质量评价的基础上，依据土地质量评价成果资料，结合国民经济各部门发展对土地的需求和区域土地适宜性的特点，将各类土地对土地质量的需求和土地适宜性的阈值加以比配，最终确定较为满意的土地利用结构。

土地适宜性分析是土宜法的核心，是确定较为满意的土地利用结构方案的基础。包括土地适宜性评价成果反映规划区域宜农、宜林、宜牧和宜建地的上下限面积，综合考虑国民经济发展对土地的需求，二者之间加以合理的协调匹配，达到确定土地利用结构优化的目的。此法的优点在于各类用地面积和布局符合土地质量条件和土地适宜性条件。

2. 综合法

综合法是依据区域社会经济发展计划,在单项用地测算的基础上采取逐步逼近的方法,借以达到土地面积综合平衡,即土地面积总量平衡和空间布局平衡。综合法的基本依据是一定地区各类用地面积存在着相互关系,在数量和空间上具有平衡关系和消长关系。由于一定地区的土地总面积是固定的,规划前后不能增加也不能减少,因此,土地面积的总体性表现为其内部构成的各类用地之间的比例结构存在此消彼长的关系。

应用综合平衡法确定土地利用结构可依据土地利用现状统计资料和土地需求量预测数据,借助于土地利用现状图,在土地利用综合平衡表上作业,从而达到土地面积在数量和空间位置上的平衡。

3. 模型法

模型法就是依据调查提供的基础资料,建立数学模型,反映土地利用活动与其他经济因素之间的关系,借助计算机技术求解,获得多个可供选择的解式,揭示土地利用活动对多项政策措施的反应,从而得到数个供选方案。在土地利用系统中,许多因素的发展既受客观因素的制约,又受决策者主观因素的影响,确定科学的土地利用结构,就是具体确定土地利用结构系统中最优的主观控制变量,使总体目标优化。

二、土地利用布局

土地利用布局是指各种产业用地的空间分布格局。要针对生产中存在的土地利用问题,研究合理的管理与组织土地利用的布局。任何部门任何单位的发展都需要一定面积、一定质量和一定位置的土地,并且要落实到地块上。但是,各地土地的自然条件、社会经济条件往往有相当大的差异,所以,在进行土地利用布局时,不仅要适当考虑当地的经济、技术条件,而且要很好地研究分析当地的自然特点,以便从实际出发,通过土地利用布局为国民经济各部门的生产建设创造良好的条件。

土地利用布局是在土地利用过程中进行宏观和微观控制的一种措施和手段。它随土地使用关系和生产力的发展而变化,不是一次性的,也不是无阶段性的。通常是制定一定时期内的土地利用布局方案。方案经过一定的审批手续,经主管部门批准后,就具有了法律效力,不得随意变动。

(一)土地利用布局的任务

土地利用布局的任务是根据国家国民经济发展计划和因地制宜的预测,运用合理组织土地利用的规律性,合理地规划与布局,以便既能充分而合理地利用全部土地,又能最大限度地满足各部门、各项目在数量和空间上对土地的需求。土地利用布局的具体任务主要包括以下方面。

第一，查清土地资源，监督土地利用，改善土地利用管理，为进一步优化土地利用布局提供准确的依据。世界上一些先进国家，对土地管理工作都抓得很紧，都十分重视土地资源的清查摸底工作。这一工作对于制订科学的生产发展计划，及时解决土地利用中存在的问题，以及合理组织土地利用都有重要的意义。

第二，在各部门、各行业间合理分配土地资源。随着人口增长和国民经济的发展，各部门、各行业对土地的需求量日益增长。因此，根据国家经济建设的需要和国民经济各部门经济发展的要求，确定各类建设用地的控制规模，有计划地分配各部门、各行业所需的土地，选定建设用地的位置和划界，是土地利用布局任务的重要组成部分。

第三，建立与生产发展相适应的合理用地结构。随着市场经济的发展，区域经济结构和产业结构会发生相应的变化。因而，要把各具特色的地区产业结构落实到相应的土地位置上，使各部门和生产项目所需土地的数量和质量与地区经济开发战略相适应，防止对土地的掠夺性和破坏性利用。

第四，建立与现代化相适应的土地组织形式，为科学技术和基础设施的发展创造条件。

（二）土地利用布局的层次

土地利用布局是一个多层次、多部门、多类别、多项目交织在一起的网络结构。要按照一定的顺序，层层控制，逐步推进。土地利用布局的层次如下。

1. 土地利用总体布局

土地利用总体布局，按土地利用区域范围和级别可分为国家级、省级、地级、县级、乡级。按土地利用区域的属性，还可进行经济区跨省或跨地、市、县的以及流域的或垦区的土地利用总体布局。土地利用总体布局属于宏观的土地利用布局。它是从全局的和长远的利益出发，以区域内全部土地为对象，以利用为中心，对土地开发、利用、整治、保护等方面所做的统筹安排。目的是解决各部门、各行业间的土地需求问题，进行土地资源再分配，调整土地使用关系，协调各部门用地矛盾，同时保证土地资源的永续使用。

2. 土地利用专项布局

土地利用专项布局是单项用地规划与布局。它兼有微观与宏观性质，是为解决某项用地的开发、利用、整治、保护等问题而进行的规划与布局，如基本农田保护区、土地开发区、自然保护区等。土地利用专项布局一般是在土地利用总体布局指导下进行的。它通常由土地管理部门或有关专业主管部门负责编制。

3. 土地利用的地点布局

土地利用的地点布局主要指各种用地的位置选择和平面布局，包括居民点、城区位置的选择及功能分区布局。各企业（包括乡镇企业）的地点选择和内部平面布局，各种用地的定点和选线以及各种基础设施、生活设施和各种作物的合理布局等。

（三）土地利用布局的原则

1. 开发、利用、保护、整治相结合的原则

通过土地利用布局，安排好每块土地的合理用途，不断提高土地肥力或土地的经济效益。确定各业用地布局时，既要考虑生产发展的需要，又要注意土地资源的特点，做到充分利用一切土地，并消除土地利用的不合理现象，布局基本建设用地时，应尽量不占农田或少占农田。此外，布局还要处理好农、林、牧与建设用地的关系，保证工农业的全面发展。

2. 趋优分布的原则

趋优分布是指一个地区所生产的某一产品与其他地区相比具有最大的优势，即各类用地的区位和布局方式可获得最大的收益或耗费最小的成本。因此，趋优分布布局应以取得较高的效益为准则，并以发挥地区优势为基础。这种优势实质上是地块差异所引起的土地利用布局方式不同而产生的不同效果。合理的土地利用布局必须有利于充分而有效的利用自然资源和社会经济资源的优势。

3. 相对均衡布局的原则

相对均衡布局是指避免某种用地布局过于集聚而带来不良后果。例如：城市规模过大，往往会出现人口稠密、住宅紧张、交通堵塞、环境恶劣等"城市病"；行业布局过分集中（饮食店、储蓄所、邮局等）也会给人们生产和生活带来许多不便。因此，要均衡布局土地利用，以利于提高各个地区的土地利用率和土地生产率。开发土地建设新城区，注意利用新城区，优化老城区，逐步消除历史遗留下来的不合理的土地利用布局。

4. 集中布局的原则

集中布局是指某一地区根据自然条件和社会经济条件，因地制宜，发挥优势，集中布局某种或某几种优势产品。它是社会劳动地域分工和商品经济发展的必然产物，是生产力发展的必然产物，也是生产力发展的客观要求。

（四）土地利用空间布局

土地利用结构一经确定，应当将其在土地空间上加以布局，以达到全面实施土地资

源合理配置的目的。土地利用结构的时空布局常称为土地利用总体规划模式，常见的模式如下：

第一，土地利用分区模式。土地利用分区模式是根据土地利用上的差异性，如土地质量、土地利用方式、土地利用潜力、利用特点和利用方向等的不同，对土地利用进行分类划区，实行分类指导，为宏观控制和微观指导土地利用提供科学依据。

第二，土地利用类型模式。土地利用类型模式是依据土地利用结构调整方案，在考虑土地适宜性条件和各类用地对土地质量要求的前提下，在时空中选择适宜各种用地的地段。

土地利用分区在规划区域内是唯一的，不可重复出现；而土地利用类型则允许在规划区域内重复出现。分区模式中区内可能含有一种或数种土地利用类型；类型模式中区内仅含有一种土地利用类型。

第五章 城市空间规划的生态化发展

第一节 城市生态规划设计与实施

一、城市生态整体规划设计框架

（一）城市自然生态系统

1. 自然生态系统的功能

（1）调节气候。自然生态系统可以在不同的空间层面上对气候产生调节作用。如：在全球层面，生态系统通过固定大气中的二氧化碳而减缓地球的温室效应，通过臭氧层保护人类不受紫外线的侵害；在区域层面，生态系统的植物参与水的循环过程（吸收—蒸腾—降水），影响本区域的气候；在城市层面上，自然生态系统可以降低城市热岛效应，从而降低城市能量需求，城市良好的风环境还有助于气体污染物的迅速扩散与迁移，在城市街区与建筑层面，自然生态系统可以改善微观气候，如日照、通风、湿度、温度等，从而改善居住环境和建筑物的热工状况。

（2）涵养水土与防止旱涝灾害。自然生态系统中的森林、植被、湖泊、河流以及湿地等可以涵蓄水分，防止水土流失等。

（3）土壤以及土壤肥力的再生。

（4）环境净化。水生生态系统中的浮游植物、水生植物等可以吸收和分解有机物，吸附某些重金属等，因此对污染程度较轻的污水具有一定的净化作用。

（5）人类感官、心理与精神的愉悦。接触自然、亲近自然、融入自然是人类的向往和本能。自然生态系统不仅为人类的生存提供了物质空间和物质资源，而且优美、洁净的自然环境可以促使人类获得感官、心理与精神的愉悦，提升人文精神。

2. 城市自然环境的分类

城市自然环境是构成城市环境的基础，包括位于城市区域内的森林、草地、土壤、水体、空气、野生动物与植物等地理要素，以及太阳辐射、大气环流（风）、温度、湿度、降水等影响城市的生物气候要素。城市人工环境是实现城市各种功能所必需的人工构筑的物质设施，包括城市区域里的建筑物、道路、广场、市政设施、构筑物等。从城市的层面来看，城市作为一种高度人工化的人类住区形式，城市区域内的自然生态系统受到较强的人类活动的干扰。城市中的自然环境包括以下类型：

（1）原生状态的自然环境。它以自然生物与自然生产过程为特征，包括天然森林、山地、湖泊、湿地、水系等。由于城市内部高强度的人类活动，原生态的自然环境一般存在于城市的边缘和外围，构成城市人工环境建设的基底，具有上述所有的基本生态服务功能，如生产功能、生物多样性的产生与维持、调节气候、涵养水土与防止旱涝灾害作用、环境净化作用、人类感官心理与精神的愉悦等。

（2）生产型的自然环境。它包括城市周边农田、牧场、生产性的林场、苗圃、鱼塘等。生产型自然环境是人工化的生态系统，只能提供部分的生态服务功能，如吸收二氧化碳，放出氧气等，它们的主要目的是为城市提供消费产品（粮食、蔬菜、水果、木材等），是城市日常生活的保障。同时，生产型自然环境的正常运作需要人类的额外投入（如种子、肥料、杀虫剂等）以及日常的维护（如防火、防涝、防旱、防病虫害等）。

（3）城市化的自然环境。城市化的自然环境是对城市影响最大，并且受城市影响也最大的，位于城市范围内与城市边缘的自然环境，是城市人工环境与城市外围原生状态自然环境与生产型自然环境之间的过渡，包括位于城市范围内的城市绿地系、城市水系、公园、开敞空间、花园、建筑附属绿地等各种自然景观等。它们是城市人工环境的背景，与城市人工设施（建筑物、道路、广场、市政设施、构筑物）紧密相连，是与城市居民和城市的基本功能联系最密切的自然环境。

3. 城市环境系统的特点

城市是一个具有高度人工化特征的环境系统，受到城市布局、建筑群体与街道走向、城市密度、建筑物形式和高度、城市地表铺砌等人工环境要素的影响；城市的地形地貌、城市绿化、城市水面等地理环境要素，受生物气候要素，包括日照、大气环流（风）、气温、湿度、降水等，以及人类生产生活等综合因素的影响。城市环境具有完全不同于自然环境的特点，具体表现在以下四个方面。

（1）热岛效应。城市热岛效应是指城市中的气温明显高于外围郊区的现象。热岛效应成因主要包括：①在人口集中的城市中，由于工业、机动车以及民用供热、空调、照明产生大量的人工热量；②由于城市下垫面改变、水循环过程变化以及城市大气污染等原因，造成地表吸收的太阳热量和人工热量都难以散发。热岛效应会造成低纬度地区城市夏季制冷能耗增加，但节省高纬度城市冬天采暖费用。

（2）城市水循环过程改变。由于城市不透水下垫面的增加，城区内的径流系数远大于郊区，城区内雨水由人工排水系统排放至城市外部防洪水系，阻止了雨水在市区环境内的土壤渗透、保存、自然蒸腾作用。城市生活供水和排水过程都通过人工市政设施完成，与城市自然环境内的物质循环没有联系。

（3）城市里的大气污染。大气污染是由于人类活动直接或者间接地增添到大气中的气态、固态或者液态物质。大气污染对人类、动物、植物以及城市建筑物具有不同程度的损害。另外，城区的大气污染改变了大气的成分，增加了大气的吸热能力，同时地面反射的长波辐射又被大气中的微粒反射回大地，促使城区升温。

（4）城市里的噪声污染。城市的噪声来自机动交通、工业生产、居民生活以及自然因素，如刮风、降雨等。首先，城市里建筑物和人口密度高，来自人为因素的噪声无论在强度还是密度上都要高于郊区；其次，由于城市局部空间环境的复杂，风向和风速变化很大，刮风带来的噪声对建筑物，特别是对高层建筑物影响较大。

（二）城市互动生态设计

1. 结合自然环境设计的原则

（1）自然生态系统可以承受人类活动带来的压力，但是这种承受能力是有限的，因此人类的建设活动应该尽可能地降低对自然的环境压力，与大自然合作，而不是与大自然为敌。

（2）自然生态系统中的某些特定生态环境，如湿地、生物通道等，对人类活动特别敏感，人类活动对其的破坏会影响整个自然生态系统的安全，因此，人类的建设活动要特别注意对这些生态敏感区域的保护。

（3）自然生态系统具有一定的气候调节能力、涵养水土与防止旱涝灾害的能力、环境净化能力和降解能力等。因此，城市建设应该顺应自然规律和生态规律。

2. 主动式设计：城市人工环境系统的设计

城市是一个高度人工化的环境系统，其人工环境组成部分包括城市建设用地、城市基础设施（供水、卫生、电力、电信、交通等）、城市构筑物、城市街道、城市广场、建筑群、建筑单体等。这些构成要素之间相互影响，相互制约，与城市自然环境系统共存于城市这个整体系统之中。为了维持城市功能（居住、生活、生产、商业、交通、通信等）的正常运作，城市系统需要源源不断地从外界输入物质和能量，经过城市的消费之后，又源源不断地向外界输出废物和低热值的耗散热能，其中一部分废弃物和热能得到循环利用，重新输入城市系统。

人工环境系统生态设计的核心是通过物质空间的规划和设计，塑造和影响物质与能量的流动过程、利用方式和利用效率，追求最大限度地减少人工环境对自然环境的负担。

主动式设计的原理是在结合自然设计与被动式设计的基础上，人工环境系统进一步通过人工化的、技术化的主动式设计过程，在满足合理的人类需求的同时，尽可能减少不必要的物质与能量消耗，尽可能提高必需的物质与能量消耗部分的利用效率，尽可能提高消耗后的物质和能量循环利用的比例，尽可能地降低消耗后的物质和能源造成的环境污染，从而从根本上降低城市建设活动给自然带来的环境负荷。具体来说包括以下几个内容：

（1）自然资源的消耗做到最小化。

（2）能源消耗做到最小化，并且在能源利用结构中，可再生能源，特别是本地的可再生能源的利用做到最大化。

（3）尽可能实现物质的生态循环，并且尽可能地实现本地的物质生态循环。

（4）公共交通应该成为主要的交通模式，私人机动交通的需求最小化。

（5）建筑材料应该尽可能是可更新的或者可循环的，同时材料本身应该对环境和健康无害。

（6）维持建筑物健康舒适的室内环境的同时，充分利用被动式设计，提高主动式设计的工作效率，降低建筑能耗与资源消耗。

（7）通过城市连续自然环境系统的建立，改善城市和建筑的物理环境，同时宏观层面与本地微观层面的生物多样性得到维持和加强。

（8）水资源的消耗最小化，污水应该分类收集、被净化并循环使用；污水中蕴含的能量应该得以利用，包含的有机养分应该得以循环利用至农业。

（9）固体垃圾总量应该最小化，应该分类收集。其中的可回收利用成分应循环利用，不可回收部分或者做无害化处理，或者通过焚烧，使得其中蕴含的能量得以利用；有机垃圾应该转换成为肥料用于农业等。

3. 被动式设计：基于生物气候条件的设计

（1）城市总体生物气候特征，如太阳辐射、风、温度、湿度、降水等气候要素的自然规律和特征，以及城市特定的地理环境要素，如地形、地貌、城市水体、城市绿化等，这是城市物理环境的决定要素。正确认识和把握城市气候要素与地理要素之间相互影响、相互作用的规律，对改善城市物理环境，提高城市环境舒适度具有十分重要的意义。

（2）在遵循环境热力学原理的基础上，充分考虑城市环境要素（人工环境以及自然环境）之间的物质和能量平衡，通过对生物气候要素、地理环境要素以及人工环境要素（城市空间布局、城市用地布局、城市密度、建筑物布局、建筑单体设计等）之间的整合设计来引导城市环境良性发展，以改善城市物理环境，如气候条件、环境与建筑热工状况，提高城市环境与建筑环境下的人体舒适度，以达到节约能源与资源，降低城市建设活动的环境负荷的作用。

（3）基于生物气候条件的被动式设计，对改善城市物理环境与建筑物理环境改善的程度取决于规划设计本身，即是否充分考虑并正确利用了气候要素和地理环境要素；而且，生物气候条件的被动式设计对改善城市环境与建筑环境的舒适度的能力是有限的，与人类对环境舒适度要求的高低有关。

基于生物气候条件的被动式设计，包含两个层次：①基于自然要素对城市环境的影响而采取的生态设计；②基于城市生物气候条件，人工环境要素的被动式生态设计策略。

二、城市生态园林规划设计实施

"在城市建设过程中，把生态理念运用其中，在实现现代化城市建设的同时，努力给群众创建良好的生态园林，实现人与自然的和谐发展。"[1]

（一）城市生态园林规划设计的应用要素

1. 观念要素

（1）适应空间和生态的自然观。人类的自然观不仅对城市建设与自然环境的关系产生着直接的影响，还影响着人们今后对自然环境结构的理解。我国传统城市无论是从选址上还是从城市内部空间结构上，都深受自然观的影响。

随着科学技术的不断发展，人类逐渐提高了对自然进行改造的能力，改造的手段也逐渐增多，人们征服自然、充分利用自然、开发自然的自然观逐渐形成。同时，这一自然观也引领着城市的建设和发展。但是，这一自然观也同时产生了很多消极的影响。

由于可持续发展战略的提出，城市建设的自然观再一次受到人们的重视，并且也得到了进一步的发展，具体体现在四个方面：①进一步强调城市结构对自然环境的适应；②进一步强调城市与环境的共生问题；③强调不断创造全新的空间生存环境；④强调扩展新的生存环境。

（2）以人为本的城市观。除了自然生态环境以外，人类要想很好地生存，同样也离不开人文环境，这就需要人们时刻秉承以人为本的思想，只有以人作为主体的生态环境，才是最有意义的。

城市环境建设与评价的基本标尺就是以人为本。城市中所有与"人"有关的环境问题，都是由园林城市规划处理的。为了能够很好地反映、包容和支持人的活动，对于城市空间和环境的营造，通常会将重点放在人的尺度与感受上。城市空间建设的最终意义，就是让平常、公共的市民活动在城市空间中产生并变得活跃起来。

（3）发扬文化的文化观。城市可以使社会文化得到保存、流传和发展，可以说，城

① 潘颖. 城市生态园林规划概念及思路探究 [J]. 山西农经，2020（8）：93.

市文化具有相当强大的力量，并且从古至今都是如此。目前，在我国这个新旧交替、社会经济发生巨大变革的形势下，城市特色就需要通过不断发扬文化逐渐体现出来。

2. 人文要素

（1）文化要素。一个健康的城市若想使人们在生活价值观中对自己进行准确的定位，其成长需要有过去的表征以及历史的痕迹，只有这样才能使人们对城市价值的认同感更高。随着当代信息技术日益发达，一个民族、一个地区的特色要想一直保持下去就会变得越发困难，这就凸显出了城市环境文化意义的重要性。

人文要素中的文化要素主要包括以下两个方面：

第一，精神要素。要想将民族、地域、文化以及人的生活方式从本质上进行区分，需要考虑的最关键的一种要素就是精神要素，同时它还是人们信念与地域特征相结合的产物。城市精神作为一种综合体，既可以将人的价值取向表达出来，又可以很好地体现出人的精神状态。与此同时，城市精神还作为一种隐形要素，将物质文明的综合水平很好地体现了出来。任何一个城市的发展都可以被看作一部历史，而城市精神作为主线，贯穿于整部历史之中，而且，城市精神的形成过程也正是通过城市的发展体现出来的。

第二，场所要素。人与环境相互作用的关系范围即为场所。场所除了指静态的地点以外，人的活动与环境间的作用状态也被包括在内。不同的城市结构形态在不同的地域和地理条件下的自然辩证适应程度都表现出了不同的特色。由此可见，研究场所对于人们更好地认识城市，使城市更好地发展，营造出更多适合人类生活的城市空间，具有很大的作用。

（2）社会要素。人与其生存环境之间的关系的总和即为社会。社会要素包括社会、政治、经济、文化等多个方面，涵盖的范围十分广泛。其中与城市空间有关的要素包括：①由于文化的变迁对空间产生的影响；②社会行为对空间结构产生的影响；③社会问题与空间发展之间的相互关系。

3. 自然要素

自然要素作为城市发生、发展以及不断壮大的基础，对城市的发展方向、形态、结构、功能起着决定性的作用，同时还对城市的性质和规模起着一定的制约作用。除此以外，城市的特色和独有的魅力，也都是通过自然要素孕育和塑造出来的，直接对城市居民的生活方式和习俗产生着影响。

（1）地质地貌要素。内外合力相互作用产生了自然地貌，城市建设和不断扩张依赖的就是自然地貌。

第一，地质条件。由于城市生态环境存在和稳定的关键因素就是适宜的地质条件，所以，只有在地质条件比较稳定、安全、适宜人类生存的前提条件下，城市才可以长久、可持续地发展下去。通常情况下，城市规划人员在选择城市建筑用地时，所考虑的要素主要就是工程地质条件、水文地质条件以及地质构造。

第二，地形地貌。在自然和人工的干预之下，地球表面呈现出的明显差异就是地形地貌的差异，这些差异主要是以地表形态的起伏、物质组成的变化和动态演变体现出来。

第三，山岳要素。无论一个城市是靠山、环山还是内部包含山，都可以拥有一个良好的生态环境，更重要的是，山岳上的植被，不仅可以为城市增添许多生机，还可以使城市的绿地面积大幅度的增加。另外，山顶也是绝好的俯视市容和远眺风景的地方，有利于风景区的设立。

（2）气候与大气要素。

第一，城市风环境。无论是城市的结构还是城市的功能布局都会直接受到城市风环境的影响，并且，城市风环境的一些特征也会受到城市中建筑物等人为表面凸起物体的影响，最终使城市环境质量以及人们的生活舒适度受到影响

第二，城市热环境。城市环境的温度之所以会存在很大的差别，主要是受到城市所处的海拔、海陆位置、纬度等方面的影响。

第三，降水与湿度。受城市下垫面坚实、不保水、植被覆盖面积小、温度高等特征的影响，在大多数情况下，城市中不论是地表蒸发量还是植被蒸腾量都是比较小的，所以与中标地区相比，其绝对湿度和相对湿度都比较小，进而会形成"干岛效应"。

（3）水文与水资源要素。

第一，城市生态环境需水量。用于维持城市自然生态系统的健康、合理的结构、高效的功能以及顺畅的过程所需要的符合水质标准的水量，即城市生态环境需水量。

第二，水系因素。城市面貌保持生动活泼的一个关键因素就是城市水系。对于面积较大的城市水系来说，人们往往对其比较重视，并且很注重其与城市面貌的结合和对水体的保护。但人们往往比较忽视一些比较小的小河或者小水塘。小面积的水系对于城市来说，有很多的益处：①可以美化城市中的环境；②对小气候有改善的作用；③有利于城市组织排水。

（二）城市生态园林规划设计的实践途径

1. 构建城市园林复合生态系统

自然生态环境和社会、经济的可持续性，是城市园林复合生态系统可持续发展的重要组成部分。一般情况下，将可以满足经济增长、生态合理并且可以反映社会文化的景观园林视为可持续的园林。由此可见，生态园林景观持续性是社会、经济、生态、文化相结合的体现现代农业实践、城市化扩展和商业性开发等人类活动。在造福人类自身的同时，也

威胁着生态园林的持续利用。对于生态园林景观的利用和可持续性方面，可以以经济持续性为基础，使社会持续性得以实现，进而达到实现生态可持续的目的。

城市园林复合生态系统属于半人工生态系统，它是由社会、经济等因素以及自然地理资源有机结合而成的。城市园林复合生态系统的构建过程中最重要的一个环节就是规划设计。它不仅与园林生物多样性的保护、对景观资源的利用以及生态服务功能的发挥有着直接的联系，还影响着园林经济效益和结构、功能的发挥。

（1）规划设计的目标。根据长期以来国内外对于园林生态规划设计的理论研究和建设实践来看，可以将城市园林复合生态系统规划设计的目标总结为以下内容。

第一，观赏性和艺术性。城市园林要做的应该是提高景观质量，使其美化市容、丰富城市景观等方面的作用可以得到充分的发挥，只有这样，才可以将城市园林的美学价值很好地体现出来。

第二，改善生态环境。城市园林复合生态系统规划应使生态园林可以对小气候进行调节、防风降尘、吸附噪声、对空气中的有害物质进行吸收和转化、对水体和空气进行净化以及维护生态平衡等服务功能得到充分的发挥。

第三，合理的生态位。合理地对生物群落进行配置，不仅可以使各种生物对于生态位的需求得到最大限度的满足，促使合理的时空和营养结构得以形成，还可以使物种的多样性得到最大限度的保护，进而使周围的环境更加和谐和统一。

第四，系统化。若想使建立的生态化和生态位更加的科学和合理，就要使城市园林复合生态系统的规划与设计具有较为系统化的思维，进而使更加系统化的体系得以形成。

（2）规划设计依据的原则。在进行城市园林复合生态系统规划设计时，要坚持以可持续发展、生态学、系统学等理论为指导。在对人类的生存环境进行维护的同时，也要使人们的使用需求得到最大限度的满足。

结合城市园林生态规划设计的内涵与目标，可以得出，要想把城市园林生态规划设计做到最好，必须要严格遵循的原则包括：①整体优化原则；②协调共生原则；③优先对环境敏感区进行保护的原则；④景观地域性与文化性原则；⑤维护生态平衡的原则；⑥保护生物多样性的原则；⑦生态美学原则；⑧适宜性的原则；⑨可持续性原则。

（3）空间尺度。人们通常都是用空间分辨率和空间范围来描述园林的空间尺度的，它主要是指园林的空间纬度，它不仅可以体现出园林对细节的把握能力，还可以很好地表现出对整体的概括能力。空间尺度越大，表明园林对整体的概括能力越强。物种多样性的分布以及景观的空间关系和管理，都属于生态视角下的城市规划与设计研究。

生态园林中的许多时间和过程通常都会与一定的空间尺度联系在一起，尺度不同，所研究和规划设计的内容会存在相应的差异。不同的问题必须要在其对应的尺度上才能被研究，并且研究得到的成果也必须要应用到该尺度上。当前景观生态学所研究的一项较为重要的内容就是将研究结果的尺度外推。

（4）规划设计的主要内容。对城市园林复合生态系统所进行的景观生态规划主要包括：①对环境敏感区进行规划，这是城市生态园林规划中必须要首先做好的个保护规划；②对生态绿地空间进行规划，这对城市生态园林景观的效果和生物多样性的分布有着较为直接的影响；③对园林景观的外貌进行规划，这关系到城市生态园林景观质量的高低；④对园林建筑进行规划，这同样也关系到生态园林景观质量的高低。

2.构建绿色开敞空间系统

（1）城市开敞空间的内涵与功能。

第一，城市开敞空间的内涵。"近年来，随着城市设计思想的不断发展和应用，开敞空间的规划理念变得灵活多样而且更具人性化，成为城市设计的一大亮点。"[1] 开敞空间一直被国内外的学术界视为一个比较有内涵的概念，它同时具有社会和自然的双重含义。开敞空间就是指可以为城市或周边地区人们提供可以接触自然的场所。这种城市空间内涵更侧重于绿地的功能性，它所关注的是空间的内在质量以及在协调城市和自然关系的过程中所起到的作用。城市空间内涵中本来就已经包含了绿地生态的生态功能。可见，城市绿地系统的概念同样是从无到有、从简到繁发展而来的。

第二，城市开敞空间的功能。外部广阔的绿色自然空间可以不同方式与形态深入城市非自然地域。城市开敞空间系统的建立对于由城市化加剧和城市建设高密度集聚而导致诸多环境问题的城市，具有重要的意义。

城市开敞空间包括河流、湖泊、山体、林地、农田等自然开敞空间，同时也指城市的道路、公园、庭院等人工空间。城市开敞空间是以绿色为主体的空间，主要应该具备四项基本功能：①为人们提供公共活动的场所，对城市空间和人的行为进行有机的组织，行使文化、教育、游憩职能，提高城市生活环境的品质；②保存有生态学和景观意义的自然景观，增加城市景观异质性和多样性，协调人与自然环境的关系，限制建成区无节制蔓延；③作为许多野生动植物自然生长需要的生境，如栖息地、繁殖地、育雏地、觅食地和水源地等，起到维持动物持久生存的作用；④作为气候通风导流的场所。

（2）绿色开敞空间体系的特点。

现代绿色开敞空间体系的一大特点就是由集中到分散，由分散到联系，由联系到融合，最终在一定区域范围内逐渐形成网络，同时也有城郊融合的发展趋势。绿色开敞空间作为一个大的综合系统，有机地将每个地块结合在一起，很好地保持了自然过程的整体性和连续性，构建出一个整体的动态绿色网络。所以，城市规划师应该把绿色开敞空间规划的着眼点放在区域规划层次上。

---

① 肖婧.谈城市开敞空间的功能与规划设计理念［J］.民营科技，2011（2）：273.

（3）城市绿色开敞空间的类型。城市绿色开敞空间的类型从用地形态上可分为点状、线状、面状。传统的城市绿色开敞空间系统规划，常采用点线面相结合的布局方式，现代城市绿色开敞空间系统依然如此，但也在传统空间体系的基础上赋予了城市绿色空间全新的内涵，将城市绿色开敞空间视为一个整体，对绿地的类型、功能、形式等方面进行全面的统筹和安排，使其生态、游憩、教育等方面的功能得到充分的发挥，实现系统化布局体系。

（4）现代城市绿色开敞空间的规划设计策略。随着全球化、信息化时代的到来，全球发展格局逐渐呈现出三个特性，即全新、开放、动态。相应地，城市也逐渐从原来封闭的状态中走了出来，人们也开始意识到，只有将城市置于更加广阔的区域里，才能有效地解决城市中出现的问题，才能促使城市更好地发展。而城市绿色开敞空间的规划与建设就引入了区域规划的思想，并且，宏观层次的绿色开敞空间目前已经成了一个区域发展的概念。

三、城市生态河流规划设计实施

（一）河流与城市

1. 河流与城市空间布局

（1）河流与城市区域分布。大多数城市建立在河流旁边，尤其是建立在江河、湖泊以及海岸等交通要冲的城市容易发展起来，而且城镇空间布局与水系干支流空间分布有着明显的耦合关系。

（2）河流与城市内部结构。河流与城市内部结构关系密切。河流是城市的组成部分，影响城市结构布局。城市内部结构可分为经济结构、社会结构、设施结构、空间结构和生态结构。河流与城市经济结构、设施结构、空间结构和生态结构直接相关，对社会结构有间接影响。

第一，经济结构可以分为第一、第二、第三产业，人们也可按主导产业、配套产业方式划分经济结构。河流水系会通过可利用水资源量直接影响经济结构中不同产业的发展和比重。

第二，设施结构指城市大量的建筑物和构筑物及其分类，可分为主体设施、社会设施和基础设施，其中水资源及排水系统、环境系统（包括园林绿化与环境保护设施等）、交通系统属于基础设施。河流担负着供水、排水、排污、运输等功能，应该是城市的基础设施。以前的城市建设忽视了河流水系对城市发展的支撑作用，将河流上游作为取水口，下游作为排污口，而且疏于管理，滨水环境杂乱。当人们把河流当作基础设施来看待时，如果河流的各项功能得以协调，与其他的城市设施相配套，就会发挥"1 加 1 大于 2"的作用，极大地促进城市发展。

第三，空间结构指城市各种物质实体在空间形式上的关系，包括它们的位置、密度和形态，而河流位置和规模会影响各种设施的布置和城市空间形态。河流对城市的分割作用明显，会造成交通的阻隔。河流有时会引导城市的发展方向，尤其是大江大河会使城市顺着河流方向延伸。

第四，生态结构指城市生物与环境的结构关系。城市生物包括人类、动物、植物、微生物等，其中人类是主体。城市环境包括城市设施和被人工化的自然环境，城市河流水系也是被人工化的自然环境的一部分。城市生态结构是比自然生态结构更为复杂的系统，对外部生态系统的依赖性较强，它的食物、淡水、燃料等资源十分依赖外部的输入，它产生的大量废物需要输出到外部生态系统进行消解。城市生态系统是一个倒金字塔形结构，与自然生态结构刚好相反。

第五，社会结构指城市的政治、人口、文化组成关系。河流滨水环境可以影响城市的宜居性。河流水系通过可供水资源量影响经济发展，间接影响人口就业和人口流动，从而间接影响社会结构。当河流具有丰富的历史文化时，则成为社会文化的一部分。

（3）河流与城市的空间形态。河流会影响城市的空间形态。河流对城市形态的影响与河流的规模有明显的关系。当河流规模较大时，河流对城市的分割十分明显；当河流规模较小时，河流又好像融入了城市之中。

城市的水系、路网、地块界线、建筑风格都是形成城市肌理的主要要素。不同气候、地域内的天然水系，历经亿万年风雨雕琢而成，有别于同质化的人工建筑，而富有自身独有的、更加容易识别的特色，形成非同一般的视觉效果和城市印象。

水系和路网共同被视为城市的外部公共空间，它们形成了城市的空间骨架。河流也会影响路网的布置、桥梁的密度。滨水区域的土地有不同于其他区域的自然特色，所以会影响滨水地块的大小、功能和建筑风格。当河流有特殊的历史文化价值时，更会对建筑物的外观和高度提出严格的要求，这些都是影响城市布局和形态的因素。

2. 河流与城市生态环境

（1）河流改善城市环境。河流水体可以改善地区的环境，起到降尘、降噪、降温等作用。水体的水面蒸发量大于陆地，比热容也大于陆地，这种差异就造成滨水区域空气湿度大，有风的天数多，空气更加清新。绿色植物的光合作用会增加城市空气的含氧量，减少二氧化碳的含量。河道范围内的树木能起到减尘作用，通过降低风速，使空气中的灰尘滞留在树叶或树干表面，经过雨水冲洗又可以恢复滞尘能力。

（2）河流可成为生态廊道。河流是除人之外的其他生物的活动场所，这种场所对城市生物来说是数量稀少、弥足珍贵的。从景观生态学上讲，城市河流具有不同于两侧的带状景观要素，属于生态廊道。河流生态廊道会把道路绿带系统、公园系统连接起来，从而形成纵横交错的廊道和生态斑块、有机联系的生态网络，并与城郊生态基质对接，使城市生态系统空间格局具有整体性，系统内部高度关联，并被城郊生态系统所支撑。对于生物群体而言，河流生态廊道是供野生动物移动、生物信息传递的通道，对保护城市多样性有着重要作用。

（3）河流能形成城市风道。城市中的河湖水系、主要道路、广场、绿地、公园、空旷区域等气流阻力较小的区域，会形成近郊区新鲜空气进入城市内部的主要通道，即城市风道，也常被称为通风走廊或绿色风廊。河湖水系是城市中大尺度的平滑区域，是最好的通风走廊城市中水面与城市下垫面形成温差，进而产生局部热力环流，可以改善城市大气环境。在进行规划时，规划人员要尽量避免空气污染和水体污染的污染源靠近河湖水系，并在保障原有河湖水系的水质、面积、宽度、通风性良好的基础上进行拓展，使其在城市中形成生态网络，以提高城市的自我调节能力，为风道构建提供良好的生态基础。

（二）城市河流治理

1. 城市河流治理目标

城市河流的治理目标是城市河流持续维持健康状态。在健康状态下，城市河流的自然功能被维持在可接受的良好水平，并为城市居民提供可持续的社会服务。城市河流健康状态的通俗表述是人水和谐，其外在标志可以被表述为，河流具有通畅稳定的河床、良好的水质、可持续的河流生态系统、适量的地表径流。

2. 城市河流治理原则

（1）给河流以空间原则。河流生存需要空间，在与主管部门协商河道设计工作范围时，设计人员要明晰地表述不同河流目标对应的效果和空间需求。当目前空间不足时，可以协商分步实施，以当前的边界条件设计近期方案，同时考虑远期方案的衔接。

（2）生物多样性原则。生物多样性是河流生态系统平衡和河流系统健康的基础。河流生态修复要力求增加生物多样性，构建异质化生境，培育本土生物，构建河流生态廊道，利用自然的力量增加物种多样性，促进多种生物群落的生成；同时要防止引来外来物种，造成生物入侵。生物多样性原则遵循了生态学的基本原理。

（3）美学原则。城市河流的滨水环境是市民所期待的，生态修复的结果应该带给人们美好的享受。城市河流，宜保留原河道的自然线形，多运用自然材料和仿自然结构，同时增加景观异质性，塑造多种滨河空间形态，适应不同年龄段人群的需求。城市河流治理要控制人对河流生态系统的干扰程度，控制园林植物和本土植物的比例，控制硬质和软质地面的比例，控制人造环境和自然环境的比例，控制人能到达的空间的比例。

（三）城市河流形态与结构设计

1. 河流平面形态设计

（1）平面图的设计。河流平面形态设计以生态河流作为设计追求目标，平面形态设计的基本原则包括：①具有满足各种社会功能要求的宽度，并给河流生态系统留够宽度和空间；②两岸堤线平滑且顺应河势；③河槽岸线自然蜿蜒；④保留滩地。

第一，工程位置图。工程位置图主要表达工程在行政区划中的位置，所治理河段在水系中的位置，附带可以表示周边交通网络、工程影响范围等。工程位置图的比例尺一般很小。

第二，工程总平面图。工程总平面图主要表达河流治理范围、主要建设内容、工程总体布置、主要设计指标和周边环境条件。主要建设内容包括河道疏挖、堤防布置、边坡防护、新建或者改建建筑物、绿化种植等。周边环境条件包括河道两侧土地类型、周边房屋、厂房、桥梁等建筑设计。审图人利用总平面图，可以检查建设内容是否存在矛盾，工程与周边环境之间是否协调。读图人可以通过总平面图，了解工程主要建设内容和指标，形成总体工程印象。治理河段太长时，设计人员可以加长总平面图，对其进行分幅。

第三，平面分幅索引图。平面分幅索引图是为了方便读图，让读图人快速找到所需位置的图纸。现实工程中，治理河段有时很长，河道很宽，分幅平面图很多，读图人很难根据某个模糊位置找到图纸图号，因此设计人员需要制作索引图。索引图中要标明河流桩号、河流流向、主要道路名称、桥梁名称、村庄名称以及其他主要地点的名称。索引图的比例往往比总平面图更小。当治理河段较短或者图纸量较少时，设计人员可以省略平面索引图。

第四，分幅平面图。工程总平面图表达工程的总体布置，分幅平面图则是总平面图的深化，能够更完整、全面、细致、清晰地表达工程布置的细节。

（2）河线布置。

第一，河道控制线。河道控制线的设计内容包括：①根据现状河道平面位置，提取横断面开口连线中心点，形成一条纵向光滑曲线，即现状河道中心线。河道中心线与深泓线、大洪水主流线常常不重合，更多地反映了河道平面形态；②根据设计堤距、河势和两岸限制性地物，确定两岸堤中心线，堤中心线也是光滑的曲线，常用直线加圆弧拟合；③对于宽阔的冲积平原河道，设计人员有时需要稳定主槽的位置，设置中水治导线，用于指导控导工程的布置；④根据河道中心线和堤防中心线可以确定其他设计线，河道中心线和堤防中心线还可以作为施工放线的控制线。

第二，河道桩号。河道的纵向定位习惯于用桩号。大江大河历经多次治理，都有现成的桩号。设计人员一定要用既定的桩号，不能另搞一套独立桩号，否则无法使用许多历史资料。有些小河没有历史桩号可用，设计人员需要重新布设桩号。设计人员可以与测量人员协商，以现状河道中心线确定桩号，桩号起于上游（或下游），协商好的河道桩号位置应为各方共用，不要再变化，会给设计人员和测量人员省去很多工作量。

第三，河道中心线。河道中心线的形状受河流类型的影响。山区河流或者平原河流，顺直型、弯曲型、分叉型或者游荡型河流，具有不同的河势和河相关系，形成了不同的河流平面形态。对于天然河道，河道中心线位置最好基本维持现状。有时为了增加洪水分洪流路或者改善水系连通性，设计人员需要新开河道，布置新河的河道中心线。这时可以参考附近地质条件近似、规模相当河流的河相关系，作为新河道中心线的设计参数；然后再选择地质条件优良、征地拆迁量小、能够避开文物遗迹或其他重要设施为河线。当可布置的线路较多时，通过技术经济比较确定推荐线路。

第四，堤防中心线。在河道中心线已经确定的前提下，设计人员应在过流断面计算、堤距分析的基础上，进行堤防中心线的布置。

第五，中水治导线。设计人员应根据造床流量制定中水治导线，能够影响河势变化和河床演变方向。中水治导线宜满足的要求包括：①中水治导线应在分析现有河势变化规律的基础上被制定，同时应满足各种整治目标；②中水治导线布置应利用河道天然节点、抗冲性较强的河岸；③中水治导线应使水流与上下游河道平顺衔接。

中水治导线对应的主槽岸线应该是天然蜿蜒变化的，尽量减少人工的干预。主槽岸线是一年中水陆交界时间最长的部位，是河道生态系统的重要生境区域，对维护河道自然环境意义重大。

2. 河流纵剖面形态设计

（1）纵剖面图的设计。纵剖面图用于表达河道沿程的竖向高程关系，主要表现为现状河底、设计河底、设计水面线、现状地面和设计堤顶高程之间的关系。

（2）河底比降设计。

第一，分析河势。根据现状地形测量图，设计人员可以提取河道的平面形态和断面形态参数，结合地质条件对河道类型进行分类，提取概化的相关系参数，估计河道的稳定性。天然河道的纵断面是高低起伏变化的，设计人员可以根据总体趋势，分段概化河底纵比降。

第二，初步拟定设计。设计人员应根据天然河道比降特点，初步拟定设计纵比降，结合初拟的横断面，进行过流能力验算。设计河底纵比降要与治理河段上下游的河底平顺连接。

第三，确定纵比降。要对河道水面线进行经济合理性综合分析，就需要对水面线进行方案比选。设计人员应根据水面线分析结果，调整河底设计比降，重新计算，直至满足各项要求。

（3）天然河床处理。天然河底深潭浅滩相间，是起伏变化的。人们设计的河床比降曲线，有时会低于自然河床面，主要是在浅滩部位，此时会进行疏挖；有时会高于自然床面，此时要保留自然河床作为深潭。当深潭中有污泥时，可予以清除，对于没有被污染的淤泥，可以不用处理。

（4）水面线设计。水面线设计是河道设计中最重要的工作。设计水面线如果在审查时被质疑和被推翻，所有的设计工作要重新来过，因此该项工作要求设计人员足够的谨慎、细致。水面线成果决定了堤防的高度和堤防设计断面大小，因此水面线是否合理，意味着河道设计方案是否技术经济合理。所以，对水面线进行方案比选是必要的。

第二节　城市空间发展的生态化转型策略

一、城市空间发展生态化的实质

城市空间发展生态化是指实现城市空间发展与自然环境整体协调，从而达到一种平衡有序状态的演进过程，它是实现城市生态化重要的子系统之一。城市空间发展生态化是解决当前城市空间发展所普遍存在的环境问题的需要，是对传统的以经济发展目标为导向、粗放型城市空间发展模式的反思，也是对理想的生态型城市空间发展模式和理想城市的探求。

城市空间发展生态化是一个过程，其实质是城市地区整体的物质空间形态不断向高效和谐的"生态"运行方式转化的过程，也是人类不断调整自身发展，使人与自然达到和谐共生关系的过程。城市生态是一个过程，是一个将可持续发展的诸方面融合在同一个发展中的过程，不管是一幢住宅、一组建筑群，或是商业地产开发。"城市生态"又是一种创新，是在新的规则与标准的指引下，以设计为基础的实践活动。

城市空间发展生态化是一个目标，是依据生态运行的规律与法则，以及现状的城市空间发展状况与特征，制定切实可行、具体甚至量化的生态化发展目标，它将有效地推进城市空间的良性发展。当然，并不存在一个终极的、唯一的生态化目标，伴随着城市地区的不断发展，其空间发展的生态化目标也需要不断地进行调整。

城市空间发展生态化是一种研究方法，城市生态系统的整体利益被看作核心价值，研究的根本目的是缓解城市空间发展对环境造成的压力，协调城市、人与自然的关系，提高城市地区整体环境质量。与传统研究方法相比，生态化方法更强调城市空间整体系统中各要素的整合以及系统整体利益的最大化。

二、土地利用的生态化转型策略

（一）内向发展

城市土地利用生态化转型最重要的原则就是使城市在更小的土地面积里集聚，以腾出更多的自然开敞空间。因此，城市空间发展生态化水平的提高，首先要求其土地利用的总量能够得到有效控制。但事实上，在城市化快速发展时期，单纯强调控制土地增长量的策略既不现实，也不具有可操作价值。

在对待城市土地利用不断扩张的问题上，关键不是量的控制，而是在量的必要增长的同时，如何推进土地利用"质"的提升。这一方面需要选择向外扩张的用地类型和扩展方式；另一方面更需要选择内部可改造更新、再利用的土地，即"生态更新"的土地利用模式，对已有城市空间进行生态化的改造：逐渐从大规模的外向扩张过渡到内向建设，重构城市并最终引导城市停止无序蔓延。这一点在城市化高级发展阶段的欧洲国家得到相当的重视，其政策特别鼓励将城市新的发展主要集中在现有的城市地区中。

"内向发展"是城市规划提出的重要的城市空间发展策略，具体表现在：①对城市内部已发展用地的再利用；②尊重和打造城市特色；③恢复并促进次中心地区的发展；④将旧工业区改造成具有多样化、混合功能的新城区；⑤将城市新的发展集中在公共交通能方便到达的区域。目前，我国城市空间的扩张仍以外向发展为主，如何尽可能控制外向发展，更多地鼓励内向发展，提高城市土地利用的生态化水平，是当前城市空间发展生态化转型面临的重要挑战。

（二）有机紧缩

紧缩城市曾经一度被认为是一种可持续的城市形态而受到追捧，但单纯地讨论紧缩型空间发展与城市可持续性之间的关系，会使复杂的问题过于简单化。在实际的规划中，并不是非此即彼，人们常常需要结合或者寻求一种在"紧缩"和"疏散"之间的平衡。事实上，在强调内向发展的同时，外向扩展依然是高速城市化发展阶段的中国城市的主要扩展方式，而外向扩展的首要原则就是"紧缩"，即需要保证相应的发展密度。然而紧缩城市虽然在土地利用效率、交通组织和能源消耗方面具有明显的优势，但不可避免地，由于缺乏绿色空间，其城市内部的环境质量会有所下降。因此，在"紧缩"的同时，有必要强调"非均质"，将若干紧缩的城市空间单元以生态绿地相隔，类似于"有机疏散"，但强调的依然是"紧缩"的模式。

有机紧缩模式是大城市外向扩展的最优选择。在大城市地区，相对于单核心或分散的结构，核心结构通常具有明显的环境优势。从区域的角度分析，分散的集中模式比单一集中的模式在降低能源消耗，尤其在减少交通出行方面提供了更好的条件。

（三）密度分区

以"密集"策略为前提，城市最大发展密度还受到环境承载力的限制。就物质空间规划和可持续发展的关系而言，在综合规划中，应当根据环境承载力确定最大开发强度保护重要自然资本的永续利用。基于此，需要将传统的方法调整并转变为一种新的方法，即将城市发展密度与承载力概念结合起来的方法。城市承载力指城市中人的活动、人口增长、土地利用、物质形体发展的水平，应当维持可持续发展，并保证城市环境不遭受严重退化和不可逆转的危害。

总而言之，要想划分好密度分区，在总体层面上，在满足城市环境承载力的前提下，应采取尽可能密集的策略；而在城市内部，还需要依据可接近性划分密度分区。

三、绿地系统的生态化转型策略

（一）规划导则

城市绿地系统具有生态的、社会的和文化的多重功能，城市规划应赋予绿地系统与开发利用土地同样的地位。城市的空间扩张应该被严格限制在绿化带以外的区域，空间扩张的边界取决于基地特殊的资源条件。利用规划导则划定并保护城市绿地系统的边界，是城市总体规划和控制性详细规划空间管制的重要内容，也是实现城市空间发展绿地系统生态化转型的又一重要策略，绿地系统规划导则的主要内容如下：

第一，严格控制绿化带的边界——"绿线"。绿化带区域内的土地应保持其固有的自然特征及现有的使用方式，保护其生态价值。绿化带应当保护重要的景观与土地，包括自然生境、农用地、水域、森林、娱乐用地及乡村景观等。绿化带区域的划定同时也为城市空间发展约束了边界。

第二，绿地系统规划与其他城市空间扩张策略的一体化。城市政府应禁止人们在绿化带内进行城市开发。绿地系统规划自身还不足以形成并限制城市空间的发展。城市空间扩张的有效管理需要许多相关策略，诸如倡导再城市化、限制最低密度，发展都市村庄和卫星城发展政策以及鼓励区域整合发展等。

第三，确保进行长期的、积极的规划。绿化带的规划是长期的和永久的，绿化带规划应作为地区空间增长管理必需的组成部分。

（二）构建区域绿色网络体系

广义的绿地系统以区域性、开放性、生态复合型为基本特征，包括耕地、林地、水体、湿地等，不仅仅局限于自然保护区、风景区等狭义绿地的含义。因此，国家需要从城市都市区甚至更大的区域范围来考虑构建城市绿色空间网络体系的问题。绿化带应当成为一项公共的资产，为城市与乡村社区所共有。国家为可持续的未来进行规划时，必须同时考虑城市和乡村的文脉。城市政府应打破城市空间组织的城乡二元壁垒，以区域城乡景观统筹的理念，重新认识自然生态及整合的价值；应强调自然生态空间、生态农业景观等非建设用地的必要性，从而使自然环境渗透并环抱城市空间，并为城市及郊区提供大部分的粮食需求。

针对不同绿地类型制定规划的原则有：①保持河湖水系的原貌，决不裁弯取直，使河道旁被丰富的自然植被覆盖；②将定居在河流泛滥的低凹平原上，最高水位以下的居民全部迁出，将其恢复为分洪蓄洪的湖沼湿地，建设滨水公园；③提供绿地，由不同社会实体进行保护和开发，并建成有特色的主题公园，保留一部分森林草地和湿地，以维护地方的生物多样性；④注重树种多样化配置和视觉美学效果，同时也为野生动物提供栖息地，绿化所用树木应多是本地树种，通过区域景观途径保护生物多样性被认为是重要而有效的，城市总体规划需要提出有利于生物多样性保护的空间战略，进而指导城市区域绿地系统的保护、规划、建设与管理。

第三节 生态城市的整体空间规划设计

一、生态城市空间规划与城市密度

（一）紧缩城市与城市密度

城市空间结构、城市土地用地、城市密度与紧缩程度、城市交通模式是最紧密相关的一组概念，综合了这组概念的紧凑城市被认为是更加可持续的城市形式，可以产生更低的环境负荷，其包括资源消耗与污染排放两个方面。紧缩城市的直接含义是未来城市的发展应该紧靠现有的城市结构，以保护乡村地带，当紧缩城市的概念应用于现有的城市结构时，它的含义是控制现有城市的边界，以防止新的城市蔓延。在这层含义上，紧凑城市概念与"精明增长"有重叠的地方。

紧缩城市的一个最重要的衡量指标是城市密度。通常，城市密度指的是城市的总人口数除以城市总面积，即城市的平均人口密度。人口数据是按照居住地进行分析和统计的，因此城市人口数据代表的是某地点或者某地方的常年居住人口密度。城市的人口密度往往会随着时间的变化而改变，包括外来人口的迁入、城市自身人口的自然增长、城市经济活动强度的发展等。因此不同来源、不同时期的城市人口统计数据之间往往不能完全相符，甚至相互矛盾。

另外，城市人口密度在空间上如果具有比较大的差异，当人口密度的分母，即城市面积发生变化时，人口密度的指标会有较大的变化，如城市中心区的人口密度与城市市域的人口密度会有比较大的差异，因此在阅读与引用城市的人口密度数据时，必须特别注意人口密度所对应的时间维度以及空间维度。

（二）城市密度与能源消耗

紧缩城市的一个重要优点是可以减少通勤交通距离以及对私人机动交通的依赖，从而降低能源的消耗，降低温室气体的排放以及污染性气体的排放。城市的人口密度与人均私人交通耗用能量之间有相反的关联性，具体如下：

第一，人口密度在 25 ~ 30 人 /hm^2 时，随着人口密度的降低，人均私人交通耗用能量迅速增加。

第二，人口密度超过 125 人 /hm^2 之后，随着人口密度的增加，人均私人交通耗用能量减少的程度并不明显。

第三，综合前两点，当城市的人口密度在 30 ~ 125 人 /hm^2 时，城市的人口密度与人均私人交通耗用能量之间有比较明显的相关性，控制城市人口密度，可以较好地影响城市人均私人交通耗用能量，从而影响城市私人交通对城市产生的环境负荷，如燃料消耗、空气污染、噪声等。

（三）城市密度影响因素

城市人口密度的合理值很难有一个统一的标准。城市的人口密度的影响因素如下：

1. 城市的建筑密度以及人均建筑面积的需求

中国城市的用地类型可以分为：居住用地、公共设施用地、工业用地、仓储用地、对外交通用地、道路广场用地、市政公用设施用地、绿地、特殊用地、水域及其他用地。相应地，城市中的建筑类型根据功能可以分为居住建筑、公共建筑、工业建筑、仓储建筑、交通建筑、市政建筑、特殊建筑等类型，其中在城市建筑总量中占主导地位的是居住建筑与公共建筑。

2. 城市的气候特征

在中国的城市实践中，住宅建筑的日照间距要求，在很大程度上会影响城市的建筑密度，进而影响城市的人口密度。由于太阳高度角的不同，北方高纬度城市的住宅日照间距要大于南方低纬度城市的住宅日照间距，同时北方城市冬季寒冷的气候特征对日照需求的敏感性高于南方城市，因此，总体来看，北方城市的空间密度要低于南方城市的空间密度。公共建筑的日照要求相对于住宅建筑而言比较宽松，但是从建筑物自身的室内外微观气候而言，日照与通风仍然是重要的影响要素。

3. 城市的经济活动的强度

在一个自由有效的土地和资本市场中，城市人口密度的空间变化与土地价格的空间变化一致，而土地价格受到交通可达性的影响，即受到居民通勤距离与时间的影响。在自由有效的土地和资本市场中，城市的合理人口密度是由城市土地价格决定的，进而由房地产市场、城市规划法规以及基础设施能力共同确定。在很多情况下，应该提高城市基础设施的能力，以适应由于地价升高而带来的高密度需求，只有当提高基础设施能力比开发土地更为昂贵时，城市的密度才会下降，控制密度才有意义。

二、生态城市空间规划布局

（一）微观城市空间：建筑—街区

中国的"建筑—街区"层面的城市空间结构与形式与欧洲城市相比有很大的不同，主要表现在：①人口密度；②建筑形式与建筑密度；③街区的尺度；④居民的社会组织形式等方面。

通常而言，中国大城市的平均人口密度高于欧洲大城市；远远高于北美、澳大利亚；而与亚洲的大城市相比，人口密度处在中等的密度。这反映在城市居住类用地类型的"建筑—街区"的空间层级上，表现为较高的净居住人口密度，建筑形式为多层、中高层的公寓，而独立式住宅、连排式住宅等建筑形式在中国大城市非常少见，只有在城市郊区中，作为社会富裕阶层的住宅形式而存在。就多栋住宅之间的布置形式而言，由于中国的气候特征，除了南岭以南的广东、广西、海南等"冬暖夏热"地区和"温和"地区，在其他绝大部分城市中，朝向南北向的平行式布局是主导的、最为偏好的布局形式。只有在大城市中心地段，局部地段用地受到限制，才会产生非南北向的住宅布置形式。从建筑设计的角度来看，特定地块的容积率（总建筑面积与用地面积之比）由建筑的层数、建筑密度（建筑占地面积与用地面积之比）两个要素决定，而特定地块最佳容积率则由土地成本、建筑造价、社会心理等因素决定。

建筑层数的增加和建筑密度的增加，都是提高土地集约利用程度的有效方法，对于居住建筑而言，限制建筑容积率无限制提高的一个重要因素是住宅之间的日照间距要求。

对于非住宅类用地来说，由于不存在日照间距的要求，仅存在防火间距的刚性要求以及建筑之间视线干扰的卫生间距的要求，因此，从理论上来说，某个地块上的建筑容积率随着建筑层数和建筑密度的增加，可以获得无限制的提高。这个时候容积率取决于市场的需求。

（二）宏观城市空间：邻里—城区—市镇—城市

城区具有一个明显的中心，可以容纳城区层面的、更大规模的商业、公共服务设施等，如体育、文化设施、中学、医院、教堂等，以及公园、广场、开敞空间等。城区在经济、文化和政治上具有一定程度的独立性。

城区的机动交通组织有两种方式：①所有的机动交通在城区的外围通行，邻里单元内部利用尽端路联系邻里内部的各个建筑物，这样可以创造出一个没有私人机动车，只有公共交通、自行车和步行的城区中心；②允许机动交通进入城区中心，并且与公共交通、自行车、行人共用道路空间，但是不拥有道路空间的主导权；在城区外围，机动交通与公共交通交叉的地方设置换乘中心，鼓励私人机动交通换乘公共交通进入城区中心。

若干个"城市邻里"组成城市的"城区"，城区具有一个明显的城区中心。中国城市的人口密度远远高于西方城市，因此城区中心的面积与开发强度也会更高，城区中心有更大规模的商业、公共服务设施等，如体育、文化设施、中学、医院等，以及公园、广场、开敞空间等。城区的中心与其他城区的中心之间由快速的公共交通系统联系，如轻轨、快速公交线等。城区在经济、文化和政治上具有一定程度的独立性。在"城区—市镇"层面上，数个城区围绕一个中心形成市镇，市镇中心是城市生活的中心地带，容纳市镇层面的公共服务设施、商业设施、文化设施等。进一步地，在"市镇—城市"的层面上，数个市镇围绕一个中心形成城市，城市中心是整个城市的商业中心、就业中心、公共服务设施中心、文化设施中心等。市镇中心、城市中心的规模和开发强度依据中心服务的人口规模与经济规模而确定，其空间尺度也会依据中心的规模和开发强度的变化而变化。

第六章　土地利用规划的实施与管理

第一节　土地利用规划的实施保障

土地利用规划的实施保障是土地利用规划的延续和具体化，是土地利用规划系统工程的重要内容。随着土地稀缺性问题的逐渐显现及可持续发展观的提出，为了新一轮土地利用规划继续和实施，规划实施保障理所当然地应当着眼于可持续发展，并将其贯穿于实施保障的全过程之中，保障土地利用规划的顺利实施，进而保障土地的可持续利用。

一、我国部分省市规划实施保障经验

虽然我国现行土地利用规划实施保障普遍过分依赖行政审批手段，但是随着市场经济的不断发展及科学技术的日益先进，部分省市的土地利用规划实施保障措施已取得了不错的进展，如上海、浙江、北京等。

（一）上海：多部门协作，高科技保障

上海市是土地利用总体规划修编的试点城市，近些年来在规划编制的组织实施、规划内容、信息系统建设等方面做了一些前瞻性的工作。

（1）集成式实施管理，多部门共同协作。以多部门协同研究的土地利用总体规划修编，采用大众参与的方式，确保了规划修编的科学性、可行性、持续性和前瞻性，保障了规划实施的有效性。同时，上海市各相关部门制定了《上海市建设项目审批中用地规模控制管理试行办法》。其核心内容为：将在现有项目审批、规划选址以及土地手续办理流程中，通过进一步强化土地预审工作，在项目建议书审批、建设项目选址、土地预审、可行性报告审批各个环节中加强有关土地规模控制与核定工作，将用地规模控制作为各个环节中的主要考察因素，使各个部门的配合和协调进一步加强。该办法有利于用地规模的控制和土地用途分区管制的落实，能够在土地利用总体规划既定的框架内，实施兑现各种应有的土地利用指标。

上海市还以嘉定区为试点，建立了土地利用总体规划管理信息系统，将整个土地管理流程统一起来，包括征地、预审、供地、地籍管理等。该信息系统文档资料齐全，图件规范，数据准确，符合标准，内容丰富，功能实用，操作方便，为土地利用规划实施管理、

基本农田保护、耕地动态平衡等提供了现实、直观、翔实、科学的决策支持依据，成果具有实用性、创新性和规范性，圆满完成了试点项目的预定目标和任务。

（2）运用现代技术预览前景，监督实施。上海市根据黄浦江两岸地区规划方案，面向全球进行了规划方案的征集工作，并将虚拟现实技术应用到"黄浦江两岸地区规划方案征集"项目中去。在黄浦江两岸中标方案的评审、深化与调整过程中，用虚拟现实技术构造的"虚拟黄浦江两岸核心地区未来景观模型"起到了重要的作用，它以直观的效果再现中标方案建成后黄浦江两岸未来景观，使市政府和国内外专家能结合现状进行详细观察、审视、分析，从而对规划的实施进行了更加客观、准确的分析与评价。在规划实施过程中，上海市还广泛运用遥感技术所具有的宏观性、实时性及动态性等特点，监督土地规划实施的动态过程，为土地管理提供基础数据。

（二）浙江：规划区域化、调控空间化、导向过程化

浙江省在土地利用总体规划修编与队伍建设、规划内容、实施管理、新技术应用等方面探索出一些方法。

（1）规划定位向区域规划转变。近些年来浙江省的城镇化已进入快速发展阶段，城市与区域间、城市与城市间、建设与资源保护间的联系和矛盾日益突出，必须通过区域规划加以协调。浙江省为区域规划的发展做了新的探索，从土地供需平衡迈向区域统筹各个领域。

（2）指标控制向空间布局调控转变。随着政府职能向经济调节、市场监管、社会管理和公共服务转变，规划职能也应由计划经济时期的定规模、定速度、定项目、分钱、分物、分指标向空间管制和控制合理的开发时序、环境容量、建设标准为主转变。规划体系应由以经济社会发展规划为主体，向经济社会发展规划与空间规划相结合并逐步加强空间规划转变。土地利用总体规划应加强各类用地布局整合、结构优化和用途管制规则。

（3）目标导向型向过程导向型转变。浙江省在现行的土地利用总体规划的编制实施中对规划的可操作性做了一些有益的探索，较好地解决了土地管理中遇到的困难。新一轮规划将继续贯彻这一动态规划理念，从纯技术规划到实施规划，注重服务于土地资源管理的各项功能，从原来对规划结果的严格控制转为对土地利用过程的严格控制，充分发挥和强化规划的过程导向作用。

此外，浙江省利用专业化规划实施管理队伍和现代化技术手段，对规划实施过程进行动态监测，建立规划实施情况检查制度。一方面，实行定期立项检查；另一方面，建立和完善社会监督制度，依法落实规划公告制度和举报制度，接受群众的查询和监督。

（三）北京：强化政府管理，利用现代科技

作为全国的政治、文化中心，为进一步促进经济社会的可持续发展，加速首都的现代化建设，北京市需要通过深化改革、健全法制、完善管理机制、实行严格的土地用途管制等措施，强化规划管理，保障土地利用总体规划的实施。

（1）强化政府土地管理职能。北京市为了改革和完善土地管理体制，强化土地的集中统一管理，尤其是要发挥各级政府土地利用规划管理的职能，因此十分注重各级政府特别是市政府的土地管理职能，为土地利用总体规划树立权威，充分发挥土地利用总体规划的引导和控制作用。同时北京市建立了实施规划的领导干部责任制以及检查考核等制度，把完成耕地保护和节约挖潜指标的情况，作为考核政府工作和干部政绩的重要内容之一。

（2）充分利用现代科技手段。为了及时、准确地掌握北京市土地利用动态变化情况，充分利用地理信息系统、遥感系统、全球定位系统等现代科技手段，对土地利用进行动态监测，同时，北京市还逐步建立了市各级土地利用规划管理信息系统，努力提高规划管理水平，确保规划实施的科学性。

二、我国土地利用规划实施保障体系的建立

土地利用规划与实施存在相互联系和相互补充的错综复杂关系。我们在总结国内现有土地利用规划实施管理制度的基础上，通过借鉴国外主要国家和地区土地利用规划实施管理经验，结合当今规划实践的要求及发展趋向，提出了土地利用规划实施管理保障体系的初步框架。体系框架拟构建为以下几个层次：

（一）目标层

土地利用规划实施管理不仅是土地行政管理的重要内容，也是面向社会的管理活动，其根本目的是维护土地利用的社会整体利益，促进经济社会的可持续发展，这是整个体系建立的出发点与基础。因此，总目标层的任务包括：①保障土地利用规划管理法律、法规和政令的贯彻执行，维护土地利用规划的严肃性和权威性；②统筹安排各业用地，保证城乡各项土地利用活动纳入土地利用规划的轨道；③依照规划保护耕地、生态环境用地及其他基础性、公益性用地，维护公共利益，促进经济、社会、环境协调发展。

（二）管理措施层

（1）法律制约保障。通过具有强制性效力的法律、法规来规范土地利用规划实施管理是国际上通行的基本的方法。在我国社会主义市场经济体制初步建立并逐步完善的过程中，规划的实施管理更需要由行政向法制的过程转变。因此，提供可操作性强的法律保障是规划实施管理保障体系最重要的功能之一。如今，我国土地利用规划立法还未达到相对

独立、完整的状态，现行法律法规中对规划实施管理的条款还不够全面、深入，规划立法的历程将是一个渐进的实践过程。

土地利用规划实施保障体系中的法律保障建设应包括以下两个层次：

第一，建立涉及规划及规划实施管理的国家级法律法规，主要有土地利用规划法、土地利用规划实施管理条例、土地用途分区管制规则等，以此明确整个国家有关规划实施管理的目标、方针和实施规划的根本性法律依据。

第二，由于土地利用规划实施保障的工作重心是地方性规划，尤其是县、乡两级规划，因此，各地应在遵循国家法律法规的前提下，制定可操作性强的地方性配套法规（如规划实施条例或办法），提出有关规划实施机构、管理程序、实施效果评价、监督管理、规划调整、违反规划的强制措施等具体规定来保证各级规划的落实。国家现行的其他法律法规也应是法律保障体系中的重要组成部分，这些都是构成完整的规划实施法律保障体系的基本条件。

（2）行政管理保障。从管理学的角度看，土地利用规划管理乃至规划实施管理是国家土地行政管理的重要组成部分。土地利用规划作为一项国家措施和政府行为，仍需要依靠行政组织运用行政手段，采用命令、指示、规定、制度、计划、标准等行政方式来组织、指挥、监督规划的实施。行政管理措施实施规划的优点在于集中统一管理，具有较强的针对性，手段比较灵活，缺点是容易导致行政权力的滥用。

在当前我国土地利用规划法制建设相对滞后的情况下，遵循行政合理性原则，正确和有效运用行政方法，依照土地利用规划控制和引导各类土地利用活动同样十分必要。从发展的角度看，规划实施保障体系中行政管理保障的建设还有待完善，可以从以下方面入手：

第一，在现有制度的基础上，继续健全满足规划实施不同阶段需要的管理制度，并根据规划实践需要制定新制度，加大规划实施工作的深度与广度。

第二，明晰不同层次规划组织机构实施管理的权限与义务，在国土资源管理系统内、外部建立一种与社会经济发展战略、相关规划协调一致、反馈互动的规划实施组织模式，以适应不同地域经济、社会、环境动态变化对实施中的规划带来的影响与冲击。

第三，加强体系中规划实施监督管理，不仅要将其作为制度化设计的重要部分，而且要融入社会监督、科技保障措施，及时起到反馈实施信息、规避滥用行政权力、优化规划管理系统的综合效果。

（3）经济约束保障。保护土地资源和实施规划需要市场与政府的共同作用。我国社会主义市场经济体制已初步建立，制定和实施土地利用规划要充分考虑经济规律，自觉运用经济机制，把积极的经济手段与政府的规划意图、社会的整体利益结合起来。在土地利用规划实施保障体系中，采用经济约束保障就是按照客观经济规律的要求，通过经济杠杆，运用价格、税费、奖金、罚款等经济手段调节社会对土地资源的需求与供应，进行土地利用规划实施管理。经济约束保障的关键在于制定适用于不同地区、时段的经济政策，如土地使用改革政策、土地税费收缴政策、土地收购储备政策以及地价与土地收益分配政策等。

（4）社会监督保障。社会监督保障就是发动社会大众参与规划的制定，监督和维护规划的实施。在市场经济比较发达的国家，规划管理中的公众参与和社会监督制度已相当完善，而我国规划中将其作为规划理念、方法、制度是在近些年才开始的。

在体系设计中，社会监督保障应主要包括三个制度的建设，即规划公众参与制度、规划公示制度、规划管理公开制度。建立规划公众参与制度，就是明确规划程序中公众的职责与权益、参与的渠道与途径，通过集思广益，比较准确地表达社会需求，调整土地利用的整体利益和个体利益，减少决策失误；规划公示制度不应仅仅停留在规划批准之后，规划管理的各个步骤都应体现公开、透明的原则；建立规划管理公开制度是指公开规划的内容、公开实施规划的政策和有关要求、公开工作制度和办事程序、公开按规划审批和审查用地的结果等。

事实上，这三个制度是互为补充、共同作用的社会监督保障措施，其目的都是宣传土地利用规划的法律规定和要求，调动公众潜力和主动意识，赋予土地使用者知晓、参与、决策、监督规划的权利，促使政府部门公正执法，提高工作效率，制约和避免各种违反规划行为的发生。

（5）技术管理保障。在现代科学技术日新月异的今天，运用科学、先进的管理方法和手段开展土地利用规划的实施管理，不仅能够大大提高管理效率和管理水平，也拓宽了土地利用规划的功能和作用。这个保障层次的内容主要涉及规划监测、理论和方法研究、标准化建设、人力资源培训、信息化建设、实施效果评价等方面。这些方面既对当前的规划实施产生影响，又对规划的长远发展具有决定性的作用，因此，也可称之为土地利用规划基础保障管理。

国家应用遥感技术对规划实施情况进行监测，在近年收到了很好的效果。要进一步建立和完善规划动态遥感监测制度，扩大遥感监测的覆盖面，实现对规划实施情况的快速监测与跟踪管理，为规划执法检查和查处提供依据。同时，还应积极采用国际上通用的现代科技手段作为实施规划的技术保障，如地理信息系统和全球定位系统等。建设土地利用规划管理信息系统，可以辅助规划编制和实施规划管理，拓宽科学技术在规划实施中的应用前景。

加强规划从业人员队伍建设是建立规划实施管理技术保障体系的重要内容。目前，我国从事规划实施管理的人员组成和实际工作状况还不理想，在规划的编制、审批与实施这三个相辅相成的环节中，具有丰富的专业知识和技能、良好的职业道德和社会价值观的业内人员是实施规划的重要人力资源。当务之急是建立土地规划师执业资格制度，加强和规范土地利用规划教育和相关培训。

　　建立健全土地利用规划实施管理保障体系是一个长期的过程。我国各地区的实际情况千差万别，规划实施保障系统需从实际出发，因地制宜地补充、完善已有的体系、内容和方法，充分发挥规划实施的规范性与能动性。特别需要强调的是，最优化、可持续的观念应贯穿于保障体系建设的始终，体系中各要素及其各阶段的管理控制和决策都有着最优化的目标与可持续的要求，这种目标优化、发展可持续的要求决定了各层次的保障措施、制度政策必须紧密结合，共同作用，才能体现体系的整体功能，使系统达到整体上的满意效果与最佳效益。

第二节　土地用途管制与动态监测

一、土地用途管制

（一）土地用途管制制度的内容

　　"土地用途管制制度作为土地管理制度体系中核心和基础的组成部分，其确立与发展的过程是我国土地管理制度演进历程的重要一环。"[①] 土地用途管制制度是指国家为保证土地资源的合理利用，促进经济、社会和环境的协调发展，通过编制土地利用规划，规定土地用途，明确土地使用条件，并要求土地所有者、使用者必须严格按照规划确定的用途和条件使用土地的制度。土地用途管制制度是目前世界上土地管理制度较为完善的国家和地区广泛采用的土地管理制度，对合理利用土地资源和保护耕地等起着重要作用。

　　土地用途管制制度的内容包括：①土地按用途进行合理分类；②通过土地利用规划规定土地用途和土地使用条件；③土地登记注明土地用途；④对用途变更实行审批许可制；⑤实行土地利用监督管理；⑥对违反土地利用规划的行为严格查处等。

（二）土地用途管制制度的特点

1. 强制性

　　管制就是强制性的管理。土地用途管制就是国家依据土地利用规划做出对土地使用上的限制和对土地用途转变的许可、限制许可或不许可的规定，并通过法律或行政手段进行约束的强制性措施。

---

① 张群，吴次芳. 我国土地用途管制的制度演变与优化路径 [J]. 中国土地，2019（3）：23.

2. 严肃性

土地利用规划一经批准，土地用途也就确定，即具有法律效力，必须严格执行。任何单位和个人都必须按规定用途使用土地，否则就属违法行为，要受到法律的制裁。

3. 权利性

实行土地用途管制的主体是各级人民政府。管制权衍生于国家对城乡地政的统一管理权和公共事务管理权，而不是土地所有权。土地用途是由代表国家长远和全局利益的人民政府通过各级土地利用规划确定的，因而必须由各级政府来实行土地用途管制，具体代表政府行使用途管制权利的是各级政府的土地管理部门。

4. 直接性

土地用途管制制度是通过划分土地用途区，确定分区内土地规划用途，编制详细的条款式的土地用途管制规则来实现，对土地使用用途都已做出了直接的规定。

（三）土地用途管制与土地利用规划的关系

土地利用规划是实施土地用途管制的依据，用途管制则是落实土地利用规划的手段和措施。

建立有效的土地用途管制制度是以土地利用规划的编制和实施为前提。土地利用规划是在土地利用结构调整基础上，划分土地用途区，落实用地布局。土地利用分区的主导用途是管制的重点，也是规划确定的土地利用方向。同时鼓励次要用途向主导用途转变，也可暂时维持现状，但不能变为其他用途。

土地用途管制制度可解决土地利用规划的法律地位并保证规划实施。依土地用途管制制度的规定，使用土地的单位和个人必须严格按照土地利用总体规划确定的用途使用土地。未经规划的地区或规划未经批准的地区，不得擅自改变土地利用现状。而且，实行土地用途管制制度，要求交通用地规划、水利用地规划、林地规划、城市用地规划等专业规划应服从土地利用总体规划。通过各专业规划的实施来保证土地利用总体规划的全面实施。

（四）土地用途分类和土地利用区

1. 土地用途分类

依据实施土地用途管制的需要、土地利用规划和实际状况，将土地分为以下类型。

（1）农用地。系指直接用于农业生产的土地，包括耕地、林地、园地、草地、养殖水面、农田水利用地（不包括永久性沟渠）等。

（2）建设用地。系指营造建筑物、构筑物和其他造成原土地生态利用条件难以恢复的土地，包括城乡住宅和公共设施用地、工矿用地、交通水利设施用地、旅游用地、军事设施用地等。

（3）未利用地。系指农用地和建设用地以外，尚未有明确用途或人类未以生物技术或工程措施进行改造利用的土地。其中有些是暂未利用，有些是目前技术条件下难以利用，有些则是低效利用。

2. 土地利用区

土地利用区系指在各级土地利用总体规划中，主要是在县、乡级土地利用总体规划中，依据土地资源特点、社会经济持续发展的要求和上级下达的规划控制指标与布局的要求，划分出的土地主导用途相对一致的区域。由于土地利用区是根据用途的差异划分的，所以也有人称之为土地用途区。

土地分类方法确定后，土地利用区通常可划分为农业用地区、建设用地区和暂未利用区等三大区和自然保护区、风景名胜区、特种用地区、城市生态绿地区及水源保护区等复区。还可根据土地利用类型差异，将土地利用区进一步细分，分为以下类型。

（1）农业用地区。可分为基本农田保护区、一般耕地区、林业用地区、牧业用地区、园业用地区、渔业养殖区等。一般耕地区又可分为现状耕地区和耕地开垦区。

（2）建设用地区。可分为城市建设用地区、村庄和集镇建设用地区、独立工矿区、特殊用地区等。

（3）暂未利用区。可分为可开垦区、禁止开垦区和部分水域。

（五）土地用途管制规则

土地用途管制规则是在划分土地利用区，明确各区的土地用途的基础上，对土地使用和用途变更做出的限制、许可或限制性许可的条款，是实行土地用途管制的直接依据。

1. 农业用地区管制规则

农业用地区的管制应包括农地非农化的管制和农地农用的管制两个方面。坚持的原则是"农地，农有，农用"，即限制农地非农化，鼓励维持农用，有限制的许可农地区内部用途的变更。农业用地区可分为耕地区和非耕地区两个类别来讨论。

（1）耕地区。耕地区是根据规划期内耕地保有量来确定的，包括基本农田和一般农田两部分。

第一，基本农田。就是依《基本农田保护条例》划定的基本农田保护区内的耕地，是确保人口高峰年对粮食需求量的耕地面积。主要是生产条件较好、集中连片、产量较高的耕地，城镇或村镇建设规划区外的耕地，交通沿线的耕地和其他国家规定需要保护的耕地。其主要管制规则有：①任何单位和个人不得擅自改变或占用基本农田保护区；②国家重点建设项目选址无法避开保护区的，应取得基本农田占用许可，批准占用的，经规划修订后按占用建设规划区的耕地管制；③设立开发区不得占用基本农田保护区；④禁止在保护区内建窑、建房、建坟或擅自挖沙、采石、采矿、取土、堆放固体废弃物；⑤利用基本农田从事农业生产的应当保护和培肥地力，鼓励施用有机肥料；⑥不得占用基本农田发展林果业及畜牧业；⑦保护区内耕地承包经营权变更时，对耕地地力等级进行评定，保护农田生态环境；等等。

第二，一般农田。指包括规划确定为农业使用的耕地后备资源和其他零星非耕地、坡度大于25°，但未列入生态退耕范围的耕地、泄洪区内的耕地和其他劣质耕地。其主要管制规则有：①一般农田中的耕地禁止被建设占用，确需占用的，批准转用后修改规划，再视为占用建设规划区内的耕地管制；②确需占用一般农田中非耕地的，修改规划后视为占用非耕地办理许可；③鼓励一般农田中的耕地后备资源和其他零星非耕地转为宜农耕地；④保留现状用途的地类不得扩大面积，散布在本区内的农村居民点不得在原地翻建扩建，并逐步按规划调整布局。除生态保护需要外，限制占用本区的耕地发展园、林、牧业；⑤严禁用于发展水产养殖业和建窑、建房、建坟及堆放固体废弃物；⑥鼓励实施土地整理，通过对田、水、路、林的综合整治，搞好土地建设，提高土地质量，改造中低产田；等等。

（2）非耕地区。非耕地区的土地主要用于园林生产和生态环境保护、畜牧业生产及各自必要的服务设施建设。土地利用管制规则主要有：各类土地不得擅自改变用途，农业内部结构调整应符合规划；划入本区的耕地转用应与本区外的非耕地转为耕地面积大致平衡并建立对应置换关系，否则不得改变耕地用途；严禁非农建设占用名、特、优、新种植园地和水土保持林、防风固沙林等防护林用地及优良草场，限制占用一般园林牧用地；鼓励通过水土综合整治，治理水土流失、荒漠化、盐渍化，扩大园林牧业用地面积。

2. 建设用地区管制规则

无论是城镇还是村镇抑或独立工矿区，都包括建成区和规划区。

（1）建成区。区内的土地管制规则主要包括：①建成区土地利用结构的调整和功能定位；②现有建设用地和闲置废弃地挖潜，以某区域（或单位）土地利用率的高低确定是否对该区域（或单位）投入增量土地，具体体现在土地的平面利用（建筑密度）和立体利用（容积率）等方面，要建立评价体系；③提高土地利用效率，土地利用应符合各土地级别、用途下规定的建蔽率（建筑密度）、容积率、建筑高度等方面的限制。对不利用土地行为征收土地闲置费（税），直至没收土地。④保证公益事业建设对一部分土地的需要。

（2）规划区。区内的土地管制规则主要包括：①确定建设规划区的界线和用地数量，确保人均占地或总规模不突破规定标准；②分阶段保护建设规划区内的耕地，确需新增用地的优先供给非耕地或劣质耕地；③本区内的耕地及其他农用地，在批准用于建设前，应当按原用途使用，不得擅自转用，也不得废弃撂荒。耕地转用前必须在本区外开发复垦不少于所占面积且符合质量标准的耕地，或交纳相当的耕地造地费。

3. 暂不利用区管制规则

暂不利用区的主要管制规则有：①禁止任何不合规划、破坏自然生态环境的江河挖土或填土行为，不得擅自围湖造田；鼓励江河流域综合整治和河道疏浚，鼓励对废弃河道、零星坑塘水面、盐碱地等进行土地整理；②鼓励在陆地水域根据市场需要设立水产养殖区；鼓励多渠道、多形式开发利用"四荒"土地资源，但应在取得开发许可前提下，根据土地适宜性保证一定的耕地开垦率；③防洪区外的滩涂、苇地及其他表层有土质的土地为农业后备土地资源，限制用于非农业建设，开发利用应避免生态恶化。

4. 自然人文景观保护区管制规则

主要管制规则有：①本区内影响自然与人文景观保护的其他用地，应按要求调整到适宜的用地区；②除与保护需要直接相关的建筑外，禁止各类建设，未经批准不得改变用途；③禁止在本区内开山炸石、取土制砖、修墓、乱砍滥伐、倾倒废物污水等破坏景观资源的行为；④严禁盲目开荒和破坏自然植被的活动。

二、土地利用动态监测

（一）土地利用动态监测的特点与作用

1. 土地利用动态监测的特点

土地利用动态监测是指运用遥感、土地调查等技术手段和计算机、监测仪等科学设备，以土地详查的数据和图件作为本底资料，对土地利用的动态变化进行全面系统的反映和分析的科学方法。土地利用动态监测具有以下几个特点。

（1）监测成果的多样性。为了适应各级土地管理机构的需求，通过土地利用监测定期提供全国和各省、地、县的土地利用现状资料，包括面积数据和反映土地利用空间分布的图面资料。同时，除开展按固定调查项目连续监测外，还需做固定项目的专题调查，如对建设用地占而未用，耕地撂荒、开发、复垦和灾害毁地等专题项目的实时调查。

（2）监测体系的层次性。为保证监测任务的完成，各级土地管理部门都应有相应的监测机构，各级机构互为关联形成体系，体系设置包括国家、省、地、县、乡若干层次，各层次组成有机整体，既要保证监测成果的统一性和可比性，又能开展本辖区的监测任务，提供本地区的监测成果。在体系中拟分两个基本层次：①国家和省级的，重点提供全国和全省的土地利用宏观数字；②县、乡级的，提供本辖区的土地利用资料。两个基本层次的监测指标、技术手段和精度要求上可有所区别，但在监测指标和数据传输的上下层面上应能接口。

（3）技术要求的区域性。我国地域广阔，不同地区之间的自然条件、经济发展程度和土地利用水平差异悬殊，故可将全国土地分成若干类型区和重点监测区，不同地区的监测周期、方法手段和精度要求应有所不同。

（4）技术手段的综合性。根据我国土地利用监测的任务和要求，在技术手段上宜采用卫星遥感、航空遥感、抽样调查和地面调查相结合的方法，发挥各自优势，求得总体功能上满足各项需要。

2. 土地利用动态监测的作用

土地利用动态监测的目的在于及时、准确掌握土地利用状况（数量、质量、地价、效益等），为政府决策、各级土地管理部门制定管理政策和落实各项管理措施提供科学依据。

土地利用动态监测的作用主要包括：①保持了土地利用有关数据的现势性，保证信息能不断得到更新；②通过动态分析，揭示土地利用变化的规律，为宏观研究提供依据；③能够反映规划实施状况，为规划信息系统及时反馈创造条件；④对一些重点指标进行定时监控，设置预警界限，为政府制定有效政策与措施提供服务；⑤及时发现违反土地管理法律法规的行为，为土地监察提供目标和依据等。

（二）土地利用动态监测与土地利用规划的关系

第一，土地利用动态监测是保证规划实施的重要手段。通过对土地利用状况和结构的监测，可以反映规划执行的程度和结果。对违反规划的土地利用行为及时发现和查处，使规划落到实处，并可对规划系统进行反馈，从实际出发修正规划目标、更新规划方案。

第二，土地利用规划是土地利用监测的依据和主要内容。通过土地利用动态监测判定土地利用行为是否规范有序，标准是否符合规划。在监测中体现出来的土地变更，诸如非农业建设占用耕地、农业结构调整减少耕地、土地开发整理增加耕地等，都要根据规划确定是否合法。土地用途的变更和土地利用结构的调整是规划的主要内容，也是需要通过动态监测来实施监控的内容。

（三）土地利用动态监测的内容和指标

1. 土地利用动态监测的内容

从土地管理的目标和任务来看，土地利用动态监测的内容主要如下：

（1）区域土地利用状况监测。通过土地利用状况的监测来反映土地利用结构的变化，对土地利用方向的变化进行控制和引导。监测重点是耕地变化和建设用地扩展。耕地减少的去向主要是非农业建设占地和农业结构调整，农业结构调整占用耕地，有可逆性特点，耕地尚能恢复，而被非农业建设占用，耕地就难以恢复。所以监测非农业建设用地扩展是重点。

（2）土地政策措施执行情况监测。政策的制定依靠准确的信息，同时信息又是执行政策的反馈。土地利用监测就是获取土地信息和反馈土地政策、检验土地管理措施执行结果的主渠道。如规划目标实现情况监测、建设用地批准后的使用情况监测、土地违法行为监测等。

（3）土地生产力监测。土地生产力受制于自然和社会两大因素，呈现出动态变化。尤其是自然因素对土地生产力的影响，主要影响因素是气候和大气条件。如干旱、异常的大暴雨和降雪量明显增多，冷暖急剧交替等。这些因素的变化还会在地区间、年际间表现出强烈的差异。另外，砍伐森林、灌溉田野、建设城市等人类活动也会导致近地面气层的温度、空气湿度、风速等的小气候变化，从而影响农业生产的地域环境。而气候条件又直接影响土壤风化，影响土壤物质移动的特点和土壤中水、气、热的状况，从而使得农用地生产力呈现动态变化。这就需要进行动态监测，掌握生产力动态变化的方向与规律，为调整生产力布局和确定合理对策提供依据。

县级以上农业行政部门应当逐步建立基本农田保护区内耕地地力与施肥效益长期定位监测网点，定期向本级人民政府提出保护区内耕地地力变化状况报告以及相应的地方保护措施，并为农业生产者提供施肥指导服务。土地生产力监测的重点是土壤属性、地形、水文、气候土地的投入产出水平等指标。

（4）土地环境条件监测。环境影响土地利用，土地也是环境的一部分。对土地环境条件的监测，重点是考察环境条件的变化、环境污染等对土地利用产生的影响。如对农田防护林防护效应的监测、基本农田保护区内耕地环境污染的监测与评价，自然保护区生态环境监测、土地植被变化监测等。

2. 土地利用监测的主要指标

（1）土地利用结构与利用程度指标。通过监测反映土地利用结构变化和利用程度的指标主要包括土地利用率、土地农业利用率、土地生产率、垦殖系数、复种指数、有效灌溉率、林地指数、园地指数、土地非农业利用率等。

监测指标应体现出层次性。国家和省级主要应满足宏观调控的要求，监测指标可以从简，在保证监测重点是保护耕地和控制非农业建设用地前提下，监测主项分农地、非农建设用地和未利用地三大块，在农地中再分耕地和非耕地。指标从简就容易达到监测功能快速、时效、灵活的目标。对地、县、乡级监测也需要根据土地管理的实际需要、可能条件和专题研究的内容，确定需监测的指标和要求，进行必要的细化。

（2）土地管理政策措施的监测指标。主要是反映国家土地管理法律法规的要求落实情况、土地利用规划实施情况、土地利用合法性情况等的指标。包括土地利用目标实现程度（耕地保有量水平、人均建设用地水平、土地利用结构优化程度、闲置土地利用水平、补充耕地数量等）、基本农田保护率、土地利用年度计划执行情况、违法用地面积和查处结案率等。

（3）土地利用经济社会效益监测指标。主要包括土地利用投入产出率、土地经济密度（净产值）、土地纯收入、万元产值占地、土地利用投资效果系数、土地利用投资回收期、人口密度、城市化水平、人均居住面积、交通运输条件等。

（4）土地环境和生产力监测指标。主要包括气候（降雨、光温、湿度、风向与风速等）、植被（植物群落、森林覆盖率、草层高度与质量等）、能量产投比、光能利用率、环境质量达标程度（水质、大气、噪声等）、文物古迹与风景旅游资源、矿产资源分布等。

（四）土地利用动态监测的技术方法

1. 遥感技术

由于遥感对土地观测技术具有覆盖面广、宏观性强、快速、多时相、信息丰富等优点，因而较普遍地应用于土地调查制图与监测中。

遥感技术有卫星遥感和航空遥感两种。卫星遥感资料具有空间的宏观性和时间的连续性等特点，其优势在于大面积的动态监测，主要可用于土壤沙化、草原退化、土壤侵蚀、沿海滩涂的开发利用、土地受灾面积等土地利用的动态变化的监测；航空遥感具有分辨率高、荷载量大、机动灵活的特点，用航空遥感作点状或带状的抽样调查或典型调查，是补充和检测卫星遥感调查的必要手段，主要可用于耕地增减变化和建设用地扩展速度的监测，农田防护林体系、自然保护区生态环境监测等。

（1）遥感技术在土地利用监测中的应用。由于各国各地区的社会制度、自然条件、发展水平和管理体制等的差异，遥感技术在土地利用监测中的应用程度不尽相同。例如，加拿大、澳大利亚这些疆域辽阔的国家，在经济活动少的荒漠地区使用卫星遥感资料监测，在人口稠密的发达地区则使用航空遥感方法。如在法国，卫星遥感资料作为土地监测的辅助资料，配合航空遥感和地面调查做样点布设。原国家土地管理局成立后，在国务院统一部署下，组织完成了全国县级土地详查，东部地区采用航空遥感为基本方法完成了比例尺 1∶10000 土地利用调查制图，西部地区采用卫星遥感和航空遥感相结合的方法完成了 1∶15000、1∶100000 土地利用调查。这一成果为各级政府制订经济建设规划、计划，为农业、工业、水利、能源、交通等各专业部门制定规划、计划提供了可靠的数据资料，为各项管理工作提供准确依据，已在经济建设、农业生产和土地管理中发挥了重要作用，也为我国开展土地利用动态监测提供了完整、可靠的本底资料。

（2）土地利用监测对遥感资料的要求。

第一，遥感资料分辨力。衡量卫星遥感资料在土地利用监测中应用效果的主要标志是识别地类能力和地类面积量测精度。地类判读精度和面积量测精度主要取决于遥感资料的分辨力，同时也与判读地物的光谱特征有关。

第二，遥感资料的覆盖面。利用卫星遥感资料进行全国或全省土地利用监测，需要定期提供其辖区境界线内全面覆盖并具有特定时效性的遥感资料，这是开展土地利用监测工作的前提。

2. 土地调查与统计技术

土地调查的方法主要有详查、抽样调查、重点调查等。运用土地调查与统计可以对土地利用结构调整、土地等级变化等进行分析。一般在遥感资料的基础上，需要通过土地调查进行检查和补充，在遥感资料缺乏的地区或年份，也只有依靠土地调查来反映土地利用状况。

城镇地籍调查、农村土地详查、农村土地变更调查等一系列调查工作和历年土地统计工作目前已在全国普遍开展。利用这些数据和信息进行土地利用动态监测，能够准确地反映出土地利用结构的变化情况，数据准确可靠、精确度较高能满足土地微观管理的需要。缺点是工作量大，时点性差，仅适用于小范围的和专题性的监测，对区域性的土地利用监测不太适用。

3. 土地信息系统

土地管理信息系统本身就是一门技术，可以对各种信息、数据和图形进行处理和输入输出。目前的土地利用动态监测，无论是采用遥感资料，还是土地详查成果，都需要借助信息系统和计算机对各种信息量进行处理，才能使土地利用监测快速、便捷、准确。

土地管理信息系统是以计算机为核心，以土地资源详查，土壤普查、规划、计划，各种遥感图像，地形图，控制网点等为信息源，对土地资源信息进行获取、输入、存储、处理统计、分析、评价、输出、传输和应用的大型系统工程。土地信息系统的功能主要包括存储、自动检索、更新、三维信息共享、再生、保密等。

土地管理信息系统是一个综合系统。与土地利用监测有关的信息系统有土地利用现状系统与规划系统、地籍系统、土地分等定级系统、土地估价系统、法规监察系统等。其中，对规划信息系统除要求有土地信息系统的一般功能外，还需要能够对各类数据分析和预测，自动生成规划方案并择优，根据监测结构进行规划方案更新等功能。

（五）耕地动态监测预警系统

1. 耕地动态监测的主要内容

（1）警义。警义指预警的指标。耕地生态经济系统预警体系主要包括人地关系密集度、耕地利用投入水平、生态环境背景、耕地利用效果及投资潜力。

人地关系密集度指标有人口密集度、人均耕地和人口城市化水平等；耕地利用投入水平主要有垦殖率、单位面积农业劳动力、良种推广面积比率、单位耕地面积化肥施用量、单位面积用电量、机耕面积比率和水利灌溉状况等；生态环境背景指标有水土保持量、水土流失治理面积、土壤有机质含量、土壤肥力、土壤含水率和耕地污染状况等；耕地利用效果及投资潜力指标主要有单位耕地面积粮食产量、人均粮食、播种面积单位产量、单位耕地面积纯收益、农民人均收入和经济发展水平等。

不同地区所用指标及同样指标对耕地生态经济系统的影响力不同，具体应用时，必须选取主要指标，或根据各指标的重要性分别赋予不同的权重。

（2）警源。警源指产生耕地生态经济系统警情的根源，可分为自然警源、外在警源和内在警源。自然警源是指各种可引发自然灾害从而对耕地生态经济系统造成破坏的自然因素，如地震、各种气象灾害和海水入侵等；外在警源是指由耕地生态经济系统外输入的警源，主要有对城市规模的不加控制、农产品价格的变化和"三废"排放等因素；内在警源则是耕地生态经济系统自身运动状态及机制，主要有耕地保护制度、地权制度、耕地开发利用行为、耕地管理行为和耕地经营收益等因素。

（3）警兆。耕地生态经济系统警兆包括景气警兆和动向。景气警兆一般以实物运动为基础，表示耕地生态经济系统某一方面的景气程度，如耕地面积、播种面积、耕地利用的基础设施建设及粮食产量等；农产品价格、农民收入水平和征地成本等不直接表示耕地生态经济系统景气程度的价值指标，均属动向警兆。

（4）警度。警度是对耕地生态经济系统警情的定量刻画，以判定警素指标变化是否有警情或警情如何。警度一般分为无警、轻警、中警、重警和剧警，不同的指标，同警度的值域可能不同；或同样的值域，不同指标的警度也不同。

2. 耕地生态经济系统动态监测的方法

耕地生态经济系统动态监测一般要经过确定警情、寻找警源、分析警兆、预报警度四个逻辑过程。依据耕地生态经济预警机制及预警对象与方法组配原则，耕地生态经济预警基本方法包括：①黑色预警，即根据警素的时间序列波动规律进行直接预警；②黄色预警，即根据警兆进行预警；③红色预警，即根据警兆以及各种环境、社会因素进行估计；④绿色预警，即依据警素的生长态势，特别是农作物生长的绿色程度进行估计；⑤白色预警，即在基本掌握警因的条件下，用计量技术进行预测。

第三节 土地利用计划管理及环境影响评价

一、土地利用计划管理

土地利用计划是指国家对土地资源开发利用作出部署和安排的中期和年度计划。土地利用计划管理就是国家通过编制计划和下达控制指标，对土地资源的开发、利用、整治和保护进行统筹安排，宏观地指导和约束人们有计划地合理组织土地利用的一项行政调控措施。土地利用计划管理主要包括：计划编制、指标下达和计划实施三部分内容。

（一）土地利用计划管理的任务

第一，通过编制中期和年度土地利用计划，实现土地利用总体规划。

第二，确定各类用地的计划指标和调整土地利用结构的规模与速度，促进国民经济均衡协调地发展。

第三，研究制定实施土地利用计划的政策措施，保证计划顺利实施。

（二）土地利用计划与土地利用规划的关系

土地利用规划是对全部土地资源利用的战略性的长期计划，土地利用计划则是中期和年度的土地利用规划。两者的关系如下：

第一，土地利用规划是土地利用计划编制与实施的依据。为实现土地利用目标，土地利用规划确定了一系列的土地利用控制指标体系，这些控制指标就是编制土地利用计划的直接依据，也是土地利用计划实施的重点。土地利用规划中一般有耕地减少量、耕地补充量、建设用地总量、农用地保有量等控制指标；土地利用计划中相应地应有农用地转用计划、生态退耕计划、土地开发整理补充耕地计划、耕地保有量计划等指标来保证规划控制指标按年度落实。

第二，土地利用计划是土地利用规划的具体实施计划，土地利用计划管理是实施土地利用规划的行政手段。土地利用规划的实施需要分阶段、分年度进行，土地利用计划就是在土地利用规划的框架内，根据国民经济发展的具体情况，对土地利用进行的阶段或年度的调节，以保障规划的贯彻落实。各级政府在审批农用地转用、土地开发整理、生态退耕等项目时，除了要符合规划确定的布局外，还应符合土地利用计划的要求。土地利用计划起着调节器的作用，可以避免某种土地利用行为在阶段或年度上过于集中。

（三）土地利用计划体系

1. 土地利用计划的类型

（1）按计划时效分为中期计划和年度计划。

第一，中期计划。一般是五年计划，与国民经济发展的五年计划相一致。土地利用中期计划是土地利用规划的阶段性实施计划，能够对土地利用规划的目标任务做出较详细的核算，确定较详细的计划指标并为编制年度计划提供依据，起到承上启下的作用。

第二，年度计划。是以一年为期的计划，是中期计划的具体化。土地利用年度计划要对中期计划所规定的分年度任务做出具体安排，但不是中期指标的机械分段，而是要充分考虑当年的实际情况，对中期计划进行必要的调整和补充，又必须服从中期计划的调控。土地利用年度计划是具体的执行计划。

（2）按计划管理层次分为国家计划和地方计划。

第一，国家计划。即全国的土地利用计划。它体现国家全局性的土地利用决策，规定国民经济及其各部门的用地比例及规模，以及实现计划的重大政策措施。它是制订地方计划的主要依据。当地方计划与国家计划发生矛盾时，地方计划应当服从国家计划，并首先保证国家计划的实现。

第二，地方计划。主要是指省、市、县级计划，是国家计划在各地区的具体化。地方计划是以全国计划中按地区分列的指标为基本依据，结合本地区的情况，因地制宜地对本地区的土地利用做出具体安排。

（3）按调控程度分为指令性计划和指导性计划。

第一，指令性计划。是由国家统一制订的具有法律效力和强制性的计划。《中华人民共和国土地管理法实施条例》规定，土地利用年度计划应当包括农用地转用计划指标、耕地保有量计划指标和土地开发整理计划指标。这三项计划指标就是指令性计划指标，一经批准下达，必须严格执行。其中农用地转用计划指标为高限指标，要求严格控制，不得有任意突破；耕地保有量计划指标和土地开发整理计划指标是低限指标，要求保证完成或超额完成。

第二，指导性计划。只规定一定幅度和不具有强制性的、用以指导国民经济各部门组织土地利用的计划指标。计划执行单位一般以指导性计划为依据，结合本部门、本地区实际条件安排计划，可以在一定程度上有所调整并向土地利用计划主管部门备案，而国家主要通过经济政策、经济杠杆和经济法规进行指导和调节，必要时辅以行政手段。

2. 土地利用计划指标体系

土地利用计划指标即组成土地利用计划的某个单项计划，是计划目标、任务的具体化和数量表现，通常由指标名称和指标数值两部分组成。土地利用计划指标体系主要包括以下指标。

（1）农业生产用地计划指标。农业生产用地计划指标包括耕地、园地、林地、牧草地和水产养殖用地指标；另外，为有序地进行农业生产结构调整，还可编制退耕还林、还园以及生态退耕等计划指标。这些都是指导性计划指标。

（2）建设用地计划指标。建设用地计划指标包括国家建设用地计划指标、乡镇建设和农民建房计划指标。国家建设用地计划指标中具体有农用地转用（含耕地转用）计划指标、国有土地出让计划指标、农民集体土地征用计划指标、闲置土地利用计划指标等。

（3）土地开发整理计划指标。土地开发整理计划指标包括荒地开垦、废弃地复垦、滩涂围垦等农地整理、村庄整理等计划指标。

（四）土地利用计划的编制程序和方法

1. 准备工作

土地利用计划要依据土地利用总体规划、国民经济和社会发展计划、国家产业政策及建设用地和土地利用的实际情况编制。因而在编制计划前，要进行各项准备工作，主要包括：①组织调查研究计划期的经济形势、固定资产投资形势、工农业生产发展的速度、人口和城镇建设情况、土地利用中的重大问题等；②制定有关政策措施；③确定计划编制方法，制定计划编报的表格等有关文件；④征询各地区、各部门的计划建议。

2. 土地利用计划的编制审批程序

（1）中期计划编制程序。

第一，由地方各级土地行政主管部门根据计划期内国民经济的发展速度、固定资产投资形势、工农业生产发展的速度、重大项目的安排及当地土地资源的状况和土地利用规划情况，参考基期（上年）计划执行情况，提出本地区计划期的土地利用计划建议，逐级上报至国务院土地行政主管部门。

国务院批准的建设项目和国务院有关部门批准的道路、管线工程及大型基础设施建设项目用地，由国务院有关部门以建设项目为单位，向国务院土地行政主管部门申报，同时抄送项目拟使用土地所在地的省、自治区、直辖市土地行政主管部门。

第二，国务院土地行政主管部门会同国务院有关部门，根据调查研究和各地区、各部门上报计划建议情况，在广泛听取各方面意见的基础上，对各项用地进行预测和初步平衡，提出土地利用计划控制数，报国务院批准，下达到各部门和各省、自治区、直辖市以及由国务院批准土地利用总体规划的城市，以指导地方编制计划。控制数主要包括对基期计划执行情况的预计、计划期土地开发和利用的重点、需要采取的政策措施和一些土地利用计划指标的初步设想。

第三，国务院各部门和各省、自治区、直辖市以及由国务院批准土地利用总体规划的城市接到国家下达的控制数后，结合本地区、本部门的实际情况，对控制数进行研究，组织所属基层土地行政主管部门和计划部门对原上报计划建议数进行修正，并编制出计划草案；由各省、自治区、直辖市以及由国务院批准土地利用总体规划的城市和各部门按地区和部门汇总并初步平衡，编出省级和部门的土地利用计划草案，上报国务院土地行政主管部门。

第四，国务院土地行政主管部门在各地和各部门上报计划的基础上进行综合平衡，统筹安排，编制全国的土地利用计划草案，送国家计划行政主管部门综合平衡，纳入国民经济和社会发展计划草案，报国务院。经国务院审定后，报请全国人民代表大会审议批准，批准后的正式计划按隶属关系逐级下达。

（2）年度计划编制程序。

第一，由地方各级土地行政主管部门根据中期计划、土地利用规划情况、基期（上年）计划执行情况和项目安排情况，提出本地区下一年度的土地利用计划建议，逐级上报至国务院土地行政主管部门。

第二，国务院土地行政主管部门会同国务院有关部门根据各地区、各部门上报的土地利用年度计划建议情况，在广泛听取各方面意见的基础上，对各项用地进行预测和初步平衡，编制土地利用年度计划，报国务院批准，下达到各省、自治区、直辖市以及由国务院批准土地利用总体规划的城市。

第三，各省、自治区、直辖市以及由国务院批准土地利用总体规划的城市接到国家下达的土地利用年度计划数后，结合本地区、本部门的实际情况，对原上报计划建议数进行修正，并编制出计划分解草案，报同级人民政府批准后，按隶属关系逐级分解下达。

地方政府及地方政府有关部门批准的建设项目用地计划，由同级土地行政主管部门管理，同时通知项目拟使用土地所在地的下一级土地行政主管部门。

3. 土地利用计划的编制方法

一般先编制建设用地总量计划，然后根据土地利用规划确定的用地布局，初步调查建设拟占地类型，确定农用地转用（含耕地转用）的计划数、建设利用闲置土地和其他土地的面积，再根据建设用地计划情况、本地区后备资源状况和耕地占补平衡要求，提出土地开发整理的计划数。建设用地（总量）计划的编制方法如下：

（1）用地系数法。就是根据国民经济相关指标的变量与建设用地量之间的相对稳定的比例关系，来测算计划期内的用地计划指标的方法。

系数法只能作为编制宏观用地计划的一种方法。主要原因包括：①与用地相关的影响因素很多，并不是理想的单因素线性相关关系；②各部门每万元基建投资对土地的需求量存在很大差别；③不同阶段基建投资对用地的需求量也不一样；④并不是所有的基建投资都与用地有关，有些投资主要用于购置设备。但在缺乏详细资料的情况下进行宏观预测，用地系数法不失为一种简单可行的方法。

（2）计划演算法。即根据计划期基本建设计划项目和项目用地逐项累计，其数量之和就是计划期的用地数。应用这种方法必须全面掌握基建和更新改造投资项目及项目选址和用地定额，才能对计划期的用地数做出准确测算。但在以供定需原则下，一般要确定一些必须保证的项目，排出项目的供地序列，参考土地供应总量来编制。计划演算法的优点是准确度高，适宜编制基层用地计划。

（3）因素分析法。通过对相关因素的分析和计算，找出关系公式，来确定指标数值的方法。具体步骤为：①分析确定对建设用地产生影响的因素，如基建投资额、国内生产总值、人口增长率、人均收入水平等经济社会因素；②收集这些影响因素的历史资料，并将这些因素的指标值与占地水平进行回归分析，推导出回归公式；③将计划期的有关数据代入公式，计算出计划期的用地数。

（4）指标控制法。根据法律政策规定的指标和规划确定的控制指标等编制用地计划的方法。规定的指标一般有人均占地水平指标、项目用地定额指标、户均宅基地标准、规划允许的建设占用耕地指标和其他法律或政策规定应满足的指标。根据这些指标的限制与可能，结合经济发展与人口增长情况确定用地计划。指标控制法一般适用于城市或村镇规划区内发展用地的预测。

（五）土地利用计划的实施

1. 分解落实土地利用年度计划

土地利用年度计划是具体执行的计划，应该细化并逐级分解落实到基层单位，这样才能保证土地利用计划的组织实施。

（1）农用地转用计划指标的分解与执行。一般应分解为两部分：①建设规划区内的计划指标；②建设规划区外单独选址的能源、交通、水利、矿山、军事设施等具体项目的计划指标。建设规划区内的计划指标包括土地利用总体规划确定的城市建设用地范围内的用地计划、村庄和集镇建设用地范围内的用地计划；建设规划区外单独选址的具体项目的计划指标可分为国家重点项目、省级重点项目、市级项目和县级以下项目等层次的项目计划指标。

根据《土地管理法》的规定，规划区内应按批次使用农用地转用计划，实行成片开发，因而规划区内的用地计划一般由市级土地行政主管部门管理和使用，编制成片开发方案后报政府批准后实施；县城规划区内的用地计划一般由县土地行政主管部门管理和使用；村庄和集镇规划区内的用地计划一般由县土地行政主管部门管理和使用，乡镇政府编制成片开发方案后，报县政府批准后实施；规划区外具体项目的用地计划，一般由项目批准机关的同级土地行政主管部门管理和批准实施，低层次项目不得挤占高层次项目的计划，非重点项目不得挤占重点项目的计划。

（2）土地开发整理计划指标的分解和执行。土地开发整理计划指标分解应结合土地开发整理项目安排来考虑，一般要分解到具体项目中去，依项目落实计划。这就要求编计划的同时要预报项目。一般可分为省土地开发整理项目计划指标、市级土地开发整理计划指标和县级土地开发整理计划指标三种，并实行计划分级负责，项目分级投资和管理。

（3）耕地保有量计划指标的分解。耕地保有量计划指标的分解一般要求在省级行政区域内动态平衡，市、县级计划分解时，要充分考虑本地的建设重点和后备资源分布状况，结合生态退耕等因素综合确定，而不是层层落实平衡任务。

2. 严格把好建设用地审批关

（1）通过农用地转用计划把好项目选址关，能用原有建设用地的不供给农用地，能用非耕地的不允许用耕地。

（2）不得超计划用地，建设项目必须取得用地计划指标，方可在计划控制指标范围内批准用地。

（3）严格按用地标准或定额审批用地，防止多占少用。

3. 占用耕地与补充耕地相平衡

为保证耕地占补平衡，建设项目占用耕地的计划应与土地开发整理项目补充耕地的计划挂钩，建立占补平衡台账。建设单位在取得占用耕地计划的同时，应承担补充耕地计划任务，没有条件开垦耕地的单位，应向政府缴纳耕地开垦费，统一组织土地开发整理项目来完成任务。在平衡有余的原则下，一个建设用地项目占用的耕地，可以由多个开发整理项目补充，一个开发整理项目补充的耕地，也可以与多个建设用地项目挂钩。

4. 加强土地利用计划执行情况的检查

计划下达后，必须进行经常性、系统性的检查，以便发现问题，及时纠正。既要保证建设用地计划不得突破，又要保证土地开发整理计划的完成和耕地保有量计划的实现。主要检查内容如下：

（1）检查下一级土地管理部门计划贯彻落实情况。未严格执行建设占用耕地补偿制度或者没有完成土地开发整理计划指标的，核减其下一年度的农用地转用计划指标。节约的农用地转用计划指标（包括农用地和耕地转用计划都有节余、农用地转用计划没有节余但耕地转用计划节余以及农用地转用计划节余而耕地转用计划没有节余三种类型）和超额完成的土地开发整理计划指标，经核准后可结转下一年度继续使用。

（2）检查计划执行单位对计划的执行情况和存在的问题。

（3）加强土地利用计划的监督，发现有超计划用地和不能按期完成开发整理计划的，要及时纠正和制止，情节严重的要依法处理，以维护计划的权威性。

5. 建立土地利用年度计划报告制度

政府应当将土地利用年度计划的执行情况列为国民经济和社会发展计划执行情况的内容，向同级人民代表大会报告。这就规定了土地利用年度计划的报告制度，其计划执行情况接受地方权力机关的监督。

二、土地利用环境影响评价

环境影响评价是在人类行动没有改变环境以前，记载该地区的自然环境现状，预测它将产生的变化，并对预测的结果进行评价。环境影响评价中所指的"环境影响"或"环境后果"包括对各种环境因素或环境介质的影响、对动植物和人类健康的影响，有时还涉及对社会、经济和文化的影响。

"土地利用规划环境影响研究不仅关系到短期内国家对土地资源和生态环境的决策，而且更对国家未来长远的发展有着重要的影响。"[①] 土地利用规划环境影响评价及其经济学分析应包括两个方面的内容：①是对土地利用所造成的环境质量变化做出评价；②是对土地利用所造成的环境变化的费用效益进行分析评价。前者是从环境资源的角度对土地利用的环境质量影响大小做出技术性的评价，是基础性评价；后者是从环境资产的角度，对土地利用的环境效益影响大小做经济学分析评价，是为土地利用规划方案的比较筛选提供决策依据。

在进行土地利用的环境影响的效益评价时，可以只计算分析一级用地类型的费用—效益，也可以直接计算分析二级地类的费用—效益。土地利用规划环境影响评价主要由以下部分内容构成：

第一，规划方案制定过程中的土地利用环境背景及其适宜环境的土地利用规划建议研究。根据各种土地利用方式类型（地类）及其结构、布局、分区、土地利用的规划管制制度、政策与环境保护政策对环境系统的质量及其所担负的资源功能、生态功能、美学功能、社会经济功能等影响效应及其影响机理，确定环境系统的资源功能价值、生态功能价值、美学功能价值、社会经济功能价值的环境影响敏感性、环境影响的幅度，分析计算确定各种土地利用方式类型及其结构布局的环境适宜性及其环境适宜量，适宜环境的土地利用分

① 张艳凤，孟艳. 土地利用规划环境影响评价若干问题探究［J］. 长江技术经济，2022，6（S1）：29.

区，并据此提出土地利用规划方案框架性建议。

第二，土地利用规划方案决策的环境影响及其经济学分析。主要是在"规划方案制定过程中的土地利用环境背景及其适宜环境的土地利用规划建议研究"的基础上，分析土地利用规划方案与环境保护、生态建设目标的协调性，土地利用类型结构、分区、布局本身的环境协调性，土地利用规划对土地生态持续生产能力的保障程度，土地利用规划方案与土地利用环境敏感度及其环境适宜性、适宜量、适宜环境的分区布局的相容性，具负面环境影响的土地利用规划布局、分区与环境敏感区的远离程度及其隔离防护的有效性，土地利用结构、分区、布局的景观生态环境合理性，土地利用规划环境影响的经济价值及其费用效益，土地利用规划中的制度、政策、措施、环境影响，土地利用规划中的环境管理与环境保护措施的有效性，土地利用规划环境影响的不确定性及其灾害影响风险等。

第三，土地利用规划实施过程中的环境影响监测与回顾评价。主要研究土地利用规划中的环境保护目标及其土地集约利用目标的落实偏差度及其偏差原因，土地利用规划环境管理及其减缓措施的实施效果，以及土地利用规划实施过程中已经反映出的对环境有不利影响的规划内容及其调整建议。

土地利用规划环境影响评价的环境要素主要是风景名胜等旅游资源环境、水环境、生态环境、土壤环境、地质环境、土地景观生态格局；评价所涉的土地利用规划内容主要是各级各类土地利用方式类型及其结构和分区布局。

第七章　空间规划体系的多规融合协调路径

第一节　"两规"的可协调性分析

一、统一"两规"的基本原则

（一）可持续发展原则

"为了实现我国的城市规划与土地利用规划的统一协调，就需要对城市规划与土地利用规划的不协调因素、不协调性进行分析，并提出相关的政策方案，从而完成我国城市的可持续发展以及科学布局。"[①]"两规"即城市总体规划与土地利用总体规划。在科学发展观的指导下，"两规"应体现统一性，"两规"协调和衔接应是全面贯彻、落实科学发展观的具体体现。城市总体规划需要树立保护耕地的观念，合理集约利用土地，引导和控制城市健康、全面、可持续发展。而土地利用总体规划也应积极贯彻国家城镇化发展战略，统筹城乡协调发展，调整区域土地结构，严格控制乱占耕地行为，提供充足的城市发展空间。"两规"应在多方面密切沟通，相互借鉴，增进了解，统筹考虑城市建设发展和耕地严格保护的需要。只有这样才能解决好城市发展问题，保障城市经济发展与土地资源保护的和谐关系，促进整个经济社会的可持续发展。

（二）统筹区域发展原则

在国民经济与社会发展规划的指导下，国土规划和区域规划为"两规"的协调和衔接发挥着宏观调控作用。尤其区域规划，不仅是国民经济与社会发展规划和国土规划的深化、落实，更是政府对国土资源开发、利用、保护以及调控地区经济运行的重要方案，是促进地区经济协调发展和实施可持续发展战略的重要形式，为城市规划和土地利用规划提供了宏观和区域范围的经济技术依据。

"两规"编制应注重区域规划的纽带作用。需要做到两点：①深入研究区域社会经济发展战略，宏观指导"两规"编制，统一规划目标和方针；②提高城镇体系规划在我国规划体系中的地位，充分发挥其在"两规"协调和衔接关系中的纽带作用。在区域规划的指

---

① 廖万波. 城市规划与土地利用规划的可协调性研究［J］. 科技风，2014（3）：248.

导下，两个规划均能发挥更充分、更合理的规划调控作用。

在我国，国土规划和区域规划仍在探索中，而主体功能区规划是第一次由国务院作为重要政府工作部署、在全国范围开展的综合性的空间规划工作。国务院发布《关于编制全国主体功能区规划的意见》，目的就在于通过对中国国土空间的资源承载能力、环境容量以及自然生态等各方面条件的总体评价，以及区域发展潜力的综合分析，来确定不同地域单元在中国国土开发总体格局和中国未来发展总体战略中所发挥的作用。虽说与国外相比，我国土地功能、空间管制作用相对薄弱，但是我们应该设想以各地区主体功能区规划为统领，协调城市总体规划和土地利用总体规划。

（三）促进城市发展原则

城市的发展离不开"两规"。城市规划通过优化城市土地和空间资源配置、合理调整城市布局、协调各项建设和完善城市功能，使得政府在有效指导和管理城市建设与发展方面具有很高综合性、战略性的政策导向和科学化、法制化的实施管理手段。土地的合理规划与利用是土地管理的核心问题。有限的土地资源得以满足当前社会经济发展的需要，土地利用规划发挥着至关重要的作用。城市的长远发展更是离不开土地的合理利用。城市发展是"两规"共同的规划主题。无论城市总体规划还是土地利用总体规划，其最终目标是实现城市经济、社会、文化等多方面的和谐发展。

二、协调完善我国的规划体系

（一）健全法规体系

第一，加紧落实"土地规划法"出台工作。鉴于《中华人民共和国城乡规划法》（以下简称《城乡规划法》）和《土地管理法》地位模糊不清，并且土地规划管理方面存在许多不规范的现象，应加紧落实制定专门规范土地利用规划内容的"土地规划法"。从法律地位上与《城乡规划法》持平，并相应调整或出台土地利用规划方面的法规或条例，理顺对应规划的法律层次，有利于"两规"协调发展。

第二，制定"区域规划法"，强调区域规划的法定地位。目前，我国现有区域规划尚在探索中，相关法律不健全，编制和实施缺乏有力保障；城乡规划法和土地管理法存在部分矛盾；各规划缺乏区域规划的统一指导，相互间存在不协调；区域间重复建设，资源浪费等现象较为突出；而区域规划在区域战略发展、产业规划、城乡关系及环境等方面的宏观指导作用不容忽视。因此，规划体系的完善必须把区域规划提高到法定地位，制定区域规划法，建立完整的法规体系，给予"两规"协调和衔接以宏观的指导作用。

（二）变革管理体系

第一，多方有效沟通合作，成立联合规划委员会。为便于"两规"协调和衔接，要求城市各个部门均应参与、组成联合规划委员会，并且吸收一定数量的普通群众。两个规划从调研、编制都应在联合规划委员会管理下进行，并且在提交审批机关之前应首先通过本委员会的审批。当存在问题时，也应先由联合规划委员会结合当地实际情况，考虑城市发展与集约用地等多方面因素，提出合理意见和总结结果，并建议政府有针对性地进行修编。

第二，可进一步组建保障规划实施的规划督察机构。为保障规划实施工作按照既定规划进行，可建立规划督察机构。建议政府授权，由专业知识背景较深的高校教授及设计院工程师等专家组成，制定评价制度，评价指标体系，每年或者定期向政府提交检察结果。对于出现不合格的，及时予以修正。

第三，专业知识普及，便于公众积极参与。建议各部门多渠道、多手段开展规划专业知识宣传和学习，尤其对于发展比较慢的地区，应深入群众搞好宣传工作，可实行考核问责制。一方面，各部门成员专业知识得到不断更新和提升；另一方面，让更广泛的群众从接触规划、认识规划、熟悉规划、参与规划、最后到管理规划，体现主人翁价值。可实行公众参与代表制度，从社区、居委会、市区到省不同层级选出若干代表，通过规定相应权限和奖罚制度来保障公平、公正。这样，既体现民主，又不失公众参与积极性。

（三）调整编制体系

针对目前"两规"编制均自成体系，缺乏统一指导和存在不协调的现象，建议用高一层级的规划来统一指导或管理"两规"。因此，应理顺国民经济与社会发展规划、主体功能区规划、国土规划、区域规划、城镇体系规划与城市总体规划和土地利用总体规划的关系。

第一，各规划应以国民经济与社会发展规划为指导。国家运用国民经济与社会发展规划对整个国民经济和社会发展进行宏观调控，作为非空间规划的范畴，可为最高层次的规划，理应成为其他各个规划的依据。

第二，加强对主体功能区规划与国土规划的认识。主体功能区规划作为国家国土空间开发的战略性、基础性和约束性规划，在一定程度上更新和优化国土规划在土地功能和空间管制方面的内容、作用。国土规划则注重借鉴主体功能区规划的规划理念和编制经验，完善自身欠缺，研究制定区域差别化的资源配置和空间开发政策，做好国土整治工作，优化国土空间开发格局。两种规划的相互作用将更好地指导其他各个规划，但由于对各地未来发展影响重大，尤其主体功能区规划涉及地方政府切身利益，可能存在各地争相进入重点开发区，并且设想在主体功能区之外区域附加更多功能要求的现象，违背规划初衷。

城市总体规划和土地利用总体规划要加强对主体功能区规划和国土规划的认识，避免为了政府"利益"相互出现掣肘，导致城市发展不和谐。

第三，重视区域规划或者提升城镇体系规划。区域规划是"两规"的高一层次规划，而城镇体系规划为城市总体规划的一部分。目前虽说相对区域规划基本处于理论研究和缺失的状态，城镇体系规划在实践过程中扩充了不少区域规划的内容，起到一定的区域规划作用，地位日渐提高，但城乡建设部门和规划界均认为应从较大区域范围来分析该城市在发展中所处的地位和作用，以及其与周围城镇的关系，城市的发展和空间布局需要与区域开发建设的总体布局相互协调。有些地方已经在做都市区规划或城镇化密集区规划。可见，目前城市逐渐走向区域化发展模式，城镇体系规划被提升到区域发展的层次，成为现时代一种共同趋势。因此，应重视区域规划和城镇体系规划对"两规"的宏观指导作用。建议将城镇体系规划从城市总体规划中分离出来，提升城镇体系规划的地位，以此来协调两个规划。

三、协调"两规"技术方法

（一）用地分类标准

第一，对用地现状分类标准不同的建议。鉴于两项规划采用不同用地现状分类标准，存在名称相同或相似，然实质内涵不同，建议应以《城市用地分类与规划建设用地标准》或者《土地利用现状分类》之一为基本，协调和完善另一套中的用地分类，便于两套分类标准既具有较强的可操作性，又不失两者的可比性。

第二，对用地规划分类标准不同的建议。建议土地利用总体规划在有可能的情况下将用地规划分类标准进行细化或者转化，可与《土地利用现状分类》或者"二调土地利用现状分类"进行适当协调，以便与《城市用地分类与规划建设用地标准》或《镇规划标准》取得协调。

（二）规划统计口径和统计指标

1. 加大流动人口调查力度

为保障流动人口基础数据真实、详细、可靠，应在公安局、统计局、计生局等部门密切配合下，采取切合实际的途径，进行本地区流动人口数据的统计和分析，并通过人口普查数据和多种方法进行校核和更新。统计期间，尤其要特别注意对居住半年及一年以上的暂住人口的调查分析。

在"两规"编制时，无论城市的大小、流动人口的多少，都必须注重对流动人口发展的预测和研究。"两规"关于暂住人口在城市人口中的定义是不同的，城市总体规划中规定为一年以上暂住人口，而土地利用总体规划是包括半年以上暂住人口，城市规模还存在适当考虑暂住人口的问题。因此，势必影响城市规模和城镇化水平的预测。这也是当前我国"两规"在统计人口出现差异的原因。

因此，建议调整土地利用总体规划这一内容，将半年改为一年，并纳入城市人口规模中，进而对总预测人口进行城市建设用地规模预测，保持"两规"一致，以便科学合理地确定城市环境容量、公共设施配置和规划人均建设用地等指标，实现城市用地布局和功能结构的合理调整，促进整个城市全面、协调、可持续发展。

2. 中心城区人口确定

鉴于"城市规划区"概念模糊、范围不明确，建议两个规划统一采用城市建设用地范围内人口为对象进行城市人口规模统计。另外，应将城市建设用地范围内的"城中村"内农业人口纳入城市中心城区人口规模。

3. 城市人口容量分析

两个规划在预测人口规模时，还应加强对城市人口容量的研究分析，以确保人口规模处在城市生态系统和社会经济系统所能支持的能力范围内，不至于引发一系列社会经济问题。影响城市人口容量的因素基本体现在社会经济因素和资源环境因素两大方面。

社会经济因素主要有经济发展水平和城市各项设施承载力。前者是一个综合性指标，主要通过就业岗位数量和生活水平来表现对城市人口容量的影响；后者主要受制于城市经济实力，决定于交通设施、商业服务设施、提供住房能力、教育与医疗设施等承载力的大小。

环境资源因素主要是土地资源、水资源和生态环境容量，因为三者无法靠外界输入来满足城市人口发展所需。土地资源的面积有限性与人口容量关系密切，城市土地资源的利用不可能无限外延，其供给能力制约人口容量。水是人类和城市生存发展的必要条件，既是城市经济持续发展和人口容量多少的决定性因素，又是改善生态环境的必备前提。城市生态环境容量与人口密度有很大的关联，在一定社会经济下，人口密度与污染负荷存在正相关关系。人口密度过高，经济活动和资源利用强度越大，造成的环境承受压力越大，超出了生态环境容量，最终导致生态系统恶化，反而影响城市发展。

加强对城市人口容量的研究，增进对城市及区域人口发展规模的了解，使得两个规划在预测人口规模时考虑得更加全面、更加科学、更加协调。

4. 人均建设用地指标确定

城市总体规划和土地利用总体规划都有关于人均建设用地指标的规定，虽属不同规划体系，却是联系"两规"用地发展规模协调的纽带之一。规划人均建设指标除了考虑现状用地指标和人均耕地指标外，还应考虑城市区域特性、环境资源、社会经济发展、用地结构、居民的生活习性等多方面的影响。在确定规划人均建设用地指标时，要在综合全面研究这些影响因素的基础上去分析人均建设用地指标，才能客观反映城市的特征，优化城市各个系统的空间布局，促进城市各项建设的协调发展，保障城市的可持续发展。因此，"两规"有必要协调确定统一的规划人均建设用地指标，保障用地发展规模的协调性。

（三）规划期限

关于规划期限比较分析存在的不协调问题，国家部门在编制时应做出反应，调整编制期限及采用有关数据的统计口径，使"两规"这部分内容统一。并且，相关专项规划和深化规划的编制工作也应置于总体规划的规划期限内展开和完成，不得随意改变编制期限。鉴于国土规划和城市总体规划期限一般均为 20 年，因此也可以调整土地利用总体规划的期限为 20 年，并且为保持一致，起始年也应该一样。按目前标准，建议近期规划期限定在 5 年（含年度用地计划），中期为 10 年，远期为 20 年。这样，规划年限予以统一，规划的近远期才便于相互结合，在一定程度上"两规"协调和衔接工作得到了落实。

四、协调"两规"空间管制内容

土地利用总体规划结合建设用地边界将规划范围内用地划分为允许建设区、有条件建设区、限制建设区和禁止建设区。城市总体规划将规划范围划分为禁建区、限建区、适建区。从整体上看，两个规划的空间管制规划的出发点基本相同，但两个规划在空间管制规划的实际内容上却不太一致，这就导致了两个规划在该项内容上的不协调。而土地利用总体规划提出有条件建设区，给土地利用提供了一定的弹性，这样更能有针对性地适时调整城市建设规划。

因此，建议对城市规划中这部分进行调整，与土地利用规划确定的范围相协调。并且关于基本农田的划定，建议划入禁止建设区，以保障粮食安全生产和社会稳定发展。

管制要求上，城市总体规划应较土地利用总体规划更加详尽，数据应更准确，范围应更细致。如提出各区域的面积、管制区域的具体宽度等。土地利用总体规划则可在建设用地布局适宜性评价基础上，宏观地划定空间管制区域，以此对城市总体规划和城市建设活动进行宏观的指导。

五、完善"两规"实施保障措施

为保障"两规"能进一步协调和衔接，"两规"主管部门应及时有效沟通，在规划、实施、管理等方面做到切实合作，并综合运用法律、经济、行政、技术等手段，严格按照法定程序解决实施过程中出现的问题，协调好土地资源开发、利用和城市建设之间的关系，促使城市发展更加和谐。

1. 完善法律保障体系

深入研究两个规划在法律法规方面的相关内容，针对模糊情况可适当调整，避免法律上的交叉和不明，保障规划所依法律条理清晰、实施工作开展顺利。在新形势下，法律保障要适应完善社会主义市场经济体制的要求，更新规划管理理念，加紧落实"土地规划法"和"区域规划法"的出台工作。同时可结合地方实际情况，制定体现地方性规划的"两规"协调性法规规章，约束规划行为。通过适当调整、新法制定等措施，使法律体系趋于完善、规划实施有法可依。

2. 加大行政保障力度

行政管理工作是规划实施至关重要的环节。"两规"应切实合作，成立保障规划顺利实施的联合委员会或监督、督察机构，特别要充分发挥公众参与及监督作用。制定确保规划有效实施的地方性法规、条例、政策、制度、机制和办法，建立完善规划实施监督机制和考核体系，探索规划实施激励机制。加强管理者的专业素质和实际操控能力，保障"两规"按既定方案有效实施。

3. 强化经济调节手段

建立规划实施奖励和约束机制。对于为保障两个规划顺利实施而作出贡献的部门、企业及劳动者个人，通过经济杠杆，运用价格税费、奖金罚款等经济手段给予利益调节和奖励；对于违规建设或乱占土地等现象，要加大处罚力度，确保规划的严肃性。

4. 创新科技技术措施

综合运用现代科技技术，建立规划管理信息化平台和规划预警系统，实时监控和监测两个规划的实施情况。如遥感、地理信息系统和全球定位系统技术等在监测方面的运用。对于规划实施过程中出现的问题，能做到及时反馈并迅速解决，保障规划工作顺利实施。还应加强对高新科技技术研发的投入，不断丰富规划的手段，提高规划实施的科技水平。

第二节　"多规融合"思路下的城乡空间规划协调发展

一、"多规融合"的理论基础

（一）国民经济和社会发展规划

国民经济和社会发展规划主要解决"定目标"问题，由发展改革部门负责组织编制实施，规划主要内容是统筹安排和指导全国或某一地区的社会、经济、文化等建设工作，是指导国民经济社会发展的总体纲要，是具有战略意义的指导性文件，也是政府履行经济调节、市场监管、社会管理和公共服务职责的重要依据。发展规划侧重于对地区生产力分布、重大建设项目和国民经济重要比例关系等做出规划，重点还是围绕产业发展寻求经济、社会、资源环境等方面的协调发展，总体上属于发展目标型规划。

（二）主体功能区规划

主体功能区规划指根据一定区域的资源环境承载能力，统筹谋划未来人口分布、经济发展方向、国土资源利用和城镇化格局，将国土空间划分为优化开发、重点开发、限制开发和禁止开发四类区域，确定主体功能定位，明确开发方向，控制合理开发强度，规范开发秩序，逐步引导形成人口、经济、资源环境相协调的国土空间开发格局，主要解决"定政策"问题。主体功能区是一种政策性分区，是从自然和经济社会综合视角统筹考察区域发展的趋势，其目的是为国家和地方政府制定发展方略提供指引，为未来的空间规划制定提供政策依据。主体功能区规划由发展改革部门负责编制，分国家和省级两个层次。主体功能区规划也被认为是国家一个重要的空间规划方法和管理机制。目前，有关方面还在积极探索跨区域主体功能区规划编制。

（三）城乡规划

城乡规划包括城镇体系规划、城市规划、镇规划、乡规划和村庄规划。城乡规划编制主体是城乡规划部门，规划期一般为 20 年，主要解决"定布局"的问题。在所有具有空间规划职能的政府行政主管部门中，城乡规划部门的规划体系最为完整、规划技术力量最为雄厚，也最为擅长空间规划布局技术。由于城市总体规划关注的重点在于城市规划区内土地的用途、开发强度、土地开发的时机等内容，对耕地保护的统筹考虑比较欠缺。

城乡规划部门在组织编制城乡规划时，应与其他政府职能部门充分沟通、协调推进，在国民经济和社会发展规划确定战略目标、主体功能区规划确定政策分区、土地利用总体规划确定调控规模、环境保护类规划确定发展底线的基础上，统筹安排，具体确定城市空间结构、城市建设用地内部各项用地比例和空间布局。

（四）土地利用总体规划

土地利用总体规划指在一定区域内，根据社会经济发展的要求和当地自然、经济、社会条件，对土地的开发、利用、保护在时空上所做的总体安排，是国家实行土地用途管制的基础。土地规划作为一种功能性政策分区，其内容主要是建设、非建设以及有条件建设的空间管理策略，对具体用地区块进行管制区划，突出体现在对建设用地规模、耕地保有量和基本农田保护面积等指标的刚性约束上。土地利用总体规划分为全国、省（自治区、直辖市）、地（市）、县、乡镇五级，按照下级服从上级，局部服从整体的原则，自上而下逐级进行。土地利用总体规划按"自上而下、以供定需"的逻辑实行指标控制，主要解决"定规模"的问题。土地规划应为未来协调统一的空间规划确定合理的发展规模，限定城市开发边界。

二、"多规融合"实现路径

（一）规划基数融合

"多规融合"的基础是实现用地分类标准的一致。目前，国家还未形成用于多规划衔接统一的用地分类标准，造成用地分类和统计口径的混乱，加大了规划间衔接的难度。例如位于城镇周边的独立工矿用地，城乡规划中往往将其划为城镇用地，而在土地利用分类标准中则不作为城镇用地，同样还有农村居民点建设用地、基础设施用地等，因此城乡规划中判定为城镇用地的空间往往要大于土地利用总体规划中判定为城镇用地的空间。

针对城乡规划和土地规划的用地分类体系不一致的状况，制定同时适用于"城规"和"土规"的现状及规划用地分类标准，准确界定建设用地内涵，明确建设用地在"两规"中对应的现状和规划建设用地地类，确保"两规"建设用地统计口径的一致，并进行相应的地类转换，使"两规"协调能建立在统一的对比标准之上。针对林业规划和土地规划在林地认定范围上的差异，可在基数转换阶段明确林地的数量、空间，达成协调统一的林地现状。

1. 基于土地规划的基数转换

第二次土地调查成果（以下简称"二调"）是依法对土地利用现状进行调查后的可靠结果，基数转换可以将在二调基础上连续变更的经验收后的规划调整基期年土地利用变更成果作为基础数据。

确定基础数据后，按照土地规划体系和规划基数转换要求，对二调成果进行基础数据转换，将8个一级类、36个二级类的二调地类转换为3个一级类、10个二级类、24个三级类的土地规划分类。只有经基数转换并审核认定后的数据才能作为规划的基础数据。

2. 土地规划与城市规划衔接

基数转换过程中，必须由城市规划与土地规划衔接确定规划调整基期年的现状城镇建成区范围，对现状城镇建成区范围内外的建设用地分别进行地类转换，从而减小城乡规划与土地规划在建设用地统计上的差距。

采矿用地、村庄、风景名胜及特殊用地、交通运输用地、水库水面及水工建筑用地处于"两规衔接"后的规划调整基期年现状城镇建成区范围内的，衔接城乡规划进行基数转换，采矿用地，铁路用地中线路用地，国道（含高速）、省道、县道和乡道等公路用地的线路用地，机场用地，为区域服务的管道运输用地，港口码头用地（不含港口客运码头），水库水面，水工建筑用地，盐田，特殊用地中的军事、监狱及为区域服务的殡葬用地保留土地规划现状；其余建设用地均转换为城镇用地。

村庄、采矿用地、风景名胜及特殊用地、交通运输用地、水库水面、水工建筑用地处于"两规衔接"后的规划调整基期年现状城镇建成区范围外的，村庄细分为农村居民点用地和其他独立建设用地；采矿用地细分为采矿用地和盐田；风景名胜及特殊用地细分为风景名胜设施用地和特殊用地；机场用地对应为民用机场用地；铁路用地、公路用地、港口码头用地、管道运输用地、水库水面及水工建筑用地保留不变。

3. 土地规划与林业规划衔接

同一地块，在林业规划中认定为林地，但在土地规划中则认定为耕地或园地。这种地类认定的差异在土地利用中可能"一地两批"的现象，影响项目的审批。为增强规划的可操作性，减少行政审批的难度，在基数转换过程中，与林业规划的衔接必不可少。可先行获取林业部门的林地范围，与规划基数图进行叠加分析，明确争议地块。在此基础上，召集国土资源部门与林业部门进行协调商议，结合遥感影像，对争议地块进行地类的判定，必要时可进行实地调查，由此完成林业部门认定的林地与土地现状的衔接。

4. 规划基数确认

为确保规划基数的协调融合，可由国土资源部门牵头，组织城建、林业、农业、环保等部门进行联合审定，确保规划基数的真实合理。

（二）战略与目标融合

1. 总体战略与目标

城市定位主要考虑经济、社会、生态三个因素。根据城市总体规划、国民经济与社会发展规划和重大发展战略部署，结合城市发展现状、发展环境，确定城市定位。土地利用战略的确定，应厘清土地利用与经济社会的关系，再明确规划期内土地供求总体态势，结合土地节约集约利用和生态环境保护，从而选择确定合适的土地利用战略。

2. 主要指标与目标

耕地保有量、基本农田保护面积、永久基本农田保护面积、城乡建设用地规模四项指标是由上级下达的约束性指标，规划期内必须落实。在满足约束性指标的前提下，结合各部门规划，形成"多规融合"的指标与目标。

（三）空间布局融合

1. 建设用地布局融合

空间布局融合的核心是建设用地的布局融合，重点是确定城镇建设区的发展方向与规模，提出各项建设用地的主要功能和空间布局，落实重点建设工程和产业重点发展项目，统筹安排重要道路网络体系、市政基础设施、社会服务设施，以及园林绿地系统、景观体系结构等。

城镇用地布局主要以相关规划为依据，根据城镇用地现状、城镇人口规模预测以及规划期末的城镇用地规模，分析区位和自然条件、现有建筑和工程设施的拆迁和利用、交通运输条件、建设投资和经营费用、环境质量和社会效益以及具有发展空间等因素，经过技术经济比较，择优确定发展方向、用地范围。

统筹考虑村庄布点规划，结合村庄现状情况和乡镇整体发展设想，对村庄建设发展进行预估，按照建设中心村、减少自然村、撤并零星居民点的思路，对农村居民点用地进行布局调整。结合新农村重点建设工程，引导和促进零散的农村居民点向中心村集中。

针对基础设施建设用地，优先考虑落实国家、省提出的重大交通、水利、能源等设施用地布局，并统筹考虑城市市政基础设施、社会服务设施等用地布局。

2. 非建设用地布局融合

非建设用地布局主要包括生态用地和农用地的空间布局。耕地、基本农田等农业用地作为重要的非建设用地，在规划布局时应当优先考虑。在完成上级下达的约束性保护指标的基础上，将高等别耕地、集中连片耕地、已验收合格的土地开发整理复垦新增的优质耕地等，优先划为基本农田。在基本农田中，结合粮食生产功能区和现代农业园区规划，综合评价耕地质量，确定实行永久保护的基本农田示范区地块。根据农业产业结构优化和调整规划，合理确定一般农田、园地等保护范围。

一个合理的生态保护总体框架不仅能够对区域生态资源的保护起到引导的作用，更能起到加大保护力度的作用。优先保证河流、水系及林地等重要生态屏障用地的稳定与完整，再叠加分析生态功能区规划、地质灾害防治规划、环境保护规划等生态绿地等相关规划的基础上划定各级生态保护区的范围和规模，形成基本的国土生态屏障，同步落实森林保有量、生态公益林面积和林地保护面积到地块，明确生态退耕地块。

（四）管制分区融合

1. 划定"三线"

"三线"即"城乡建设用地开发边界线""基本农田保护红线""生态保护红线"。

在镇区、主要的开发建设区域，沿河流、道路、山体等明显地物初步划定"城乡建设用地开发边界线"，作为规划期内城乡建设用地发展的主要区域。将"城乡建设用地开发边界线"方案与城市规划中建设范围进行叠加分析得出两个部分：①超出城市规划建设范围线的部分；②位于城市规划建设范围但未划入初步方案部分。在此基础上，召集相关部门对划定结果进行衔接认定，确定开发边界划定成果。

在确保完成上级下达的保护任务的前提下，根据基本农田空间布局，划定基本农田保护红线。根据各项保护性规划摸清生态资源的分类与分布，将城市规划、土地规划、环境保护等规划图件叠加分析，将重要的生态功能区、陆地和海洋生态环境敏感脆弱区、自然保护核心区、风景名胜区、森林公园、饮用水源保护区、水源涵养区、湿地、生态公益林、海洋保护区、地质遗迹保护区、生态绿地等划入生态红线区域。对存在争议的区域，组织环保、城建、林业等部门进行衔接协商，最终划定生态保护红线。

2. 界定"四区"

"四区"即"允许建设区""有条件建设区""限制建设区""禁止建设区"。在"城乡建设用地开发边界"内，将现状建设用地和新增建设用地划入"允许建设区"，优先作为规划期内城乡建设用地选址区域；边界内的其他用地划入"有条件建设区"，作为规划期内城乡建设用地选址的弹性空间。

结合生态功能区规划等，明确生态用地的类型、数量、区划位置、相互关系，确定需要严格保护的生态用地，将镇域范围内的自然保护区、风景名胜区、森林公园、饮用水水源保护区、重要水源涵养、重要湿地、生态公益林、洪水调蓄区、重要自然岸线和海洋保护区、重要物种（含渔业）保护区、地质遗迹保护区等具有重要生态环境保护价值的区域以及永久基本农田示范区范围纳入"禁止建设区"。

除"允许建设区""有条件建设区"和"禁止建设区"以外的土地全部纳入"限制建设区"，严格控制线型基础设施和独立建设项目用地。

（五）数据库融合

通过各规划数据资源整合和数据库建设，实现多规划数据输入输出接口统一、存取高效、信息关联、统一管理、统一监控，保证基于不同平台、不同格式存储和不同标准的多种规划数据可以在信息系统中进行统一的管理。建立动态更新机制，将规划数据、审批信息、现状变更等，通过联动平台进行动态更新，创新政府规划管理方式，并探索多维度的协调融合机制，建立一套统一的建设项目审批与规划用地管理的办事新规章，从而实现发改、规划、国土、环保等部门的建设项目审批业务的协同机制，实现综合受理窗口的模式，为政府、专业部门、企业和公众提供"一站式"的政务服务，以解决企业和广大市民群众要跨过"多道门槛"才能办成事的弊端。

参考文献

[1] 胡光伟.土地利用规划学 [M].北京：中国建材工业出版社，2019.

[2] 秦鹏.土地利用尺度效应研究 [M].武汉：武汉大学出版社，2020.

[3] 曹林，韦晶磊.土地利用规划的理论与实践研究基于可持续发展理念 [M].天津：南开大学出版社，2012.

[4] 付颖哲.论土地所有权的社会功能 [J].西部法学评论，2016（2）：64-73.

[5] 许建忠，张伟中，刘小飞.城市土地资源管理中土地利用规划的作用及对策探讨 [J].科技资讯，2022，20（22）：108-111.

[6] 马兰，张曦.农业区位论及其现实意义 [J].云南农业科技，2003（3）：3-5.

[7] 包宇.深圳市景观指数的粒度效应分析及指数时空动态研究 [D].武汉：武汉大学，2017：4-5.

[8] 张菁，马民涛，王江萍.回归分析方法在环境领域中的应用评述 [J].环境科技，2008，21（S2）：40-43.

[9] 李强.可持续发展概念的演变及其内涵 [J].生态经济，2011（7）：87-90.

[10] 胡业翠，郑新奇.生态文明理念下的建设用地节约集约利用 [J].中国土地，2019（6）：13-14.

[11] 林坚，周琳，张叶笑，等.土地利用规划学 30 年发展综述 [J].中国土地科学，2017，31（9）：24-33.

[12] 但承龙，厉伟.可持续土地利用规划初探 [J].生态经济，2001（11）：60-61，64.

[13] 曹建丰，许德林.土地利用规划与城市规划的协调 [J].规划师，2004，20（6）：80-82.

[14] 陈丽，曲福田，严金明.土地利用规划的制度分析框架与理论命题 [J].生产力研究，2008（16）：55-57，112.

[15] 蔡玉梅，郑振源，马彦琳.中国土地利用规划的理论和方法探讨 [J].中国土地科学，2005，19（5）：31-35.

[16] 安萍莉，张凤荣.土地利用总体规划的理论体系研究 [J].资源科学，2000，22（3）：29-33.

[17] 谢花林.基于景观结构的土地利用生态风险空间特征分析：以江西兴国县为例 [J].

中国环境科学，2011，31（4）：688-695.

[18] 崔闪闪，刘庆，王静 . 空间粒度变化对县域农村居民点景观指数的影响：以江苏省盐城市大丰区为例 [J]. 中国农业资源与区划，2017，38（3）：20-26.

[19] 黎启燃，刘辉 . 基于景观结构的土地利用生态风险分析 [J]. 福州大学学报（自然科学版），2014，42（1）：62-69.

[20] 陈英，张仁陟，张军 . 土地利用可持续发展位理论构建与应用 [J]. 中国沙漠，2012，32（2）：574-579.

[21] 尹君，姚会武，王亚西，等 . 土地生态规划与设计 [J]. 河北农业大学学报，2004，27（3）：71-77.

[22] 刘勇，李仙 . 我国建设用地可持续发展战略研究 [J]. 经济纵横，2013（9）：24-31.

[23] 郑振源 . 土地利用总体规划的改革 [J]. 中国土地科学，2004，18（4）：13-18.

[24] 张中华，赵璐，吕斌 . 可持续性城市空间规划研究进展及启示 [J]. 城市发展研究，2019，26（7）：67-74.

[25] 吕维娟，殷毅 . 土地规划管理与城乡规划实施的关系探讨 [J]. 城市规划，2013，37（10）：34-38.

[26] 曾源源，朱锦锋 . 国土空间规划体系传导的理论认知与优化路径 [J]. 规划师，2022，38（10）：139-146.

[27] 冯旭，王凯，毛其智，等 . 国土空间规划体系下的乡村空间规划方法：基于规划与治理的一体化视角 [J]. 城市规划，2022，46（11）：21-31.

[28] 王建纲 . 论土地利用总体规划与城市总体规划的协调关系 [J]. 智慧中国，2022（6）：78-79.

[29] 续竞秦 . 基于灰色 - 马尔可夫模型的土地需求量预测与供需平衡分析 [D]. 南宁：广西大学，2006：3.

[30] 潘颖 . 城市生态园林规划概念及思路探究 [J]. 山西农经，2020（8）：93，98.

[31] 肖婧 . 谈城市开敞空间的功能与规划设计理念 [J]. 民营科技，2011（2）：273.

[32] 张群，吴次芳 . 我国土地用途管制的制度演变与优化路径 [J]. 中国土地，2019（3）：23-26.

[33] 张艳凤，孟艳 . 土地利用规划环境影响评价若干问题探究 [J]. 长江技术经济，2022，6（S1）：29-31.

[34] 廖万波 . 城市规划与土地利用规划的可协调性研究 [J]. 科技风，2014（3）：248.

[35] 高婕 . 城市规划与土地利用规划的可协调性发展分析研究 [J]. 城市建设理论研究（电子版），2011（21）.